Doris Krystof

Amedeo Modigliani

1884–1920

La poésie du regard

TASCHEN

KÖLN LONDON MADRID NEW YORK PARIS TOKYO

COUVERTURE :
Nu allongé (détail), 1917
Huile sur toile, 60 x 92 cm
Ceroni 196
Stuttgart, Staatsgalerie

ILLUSTRATION PAGE 1 :
Cariatide, 1913/14
Pastel gras sur papier, 55,8 x 45,2 cm
Lucerne, Sammlung Galerie Rosengart

ILLUSTRATION PAGE 2 / DOS DE COUVERTURE :
Amedeo Modigliani, vers 1915

Edition réservée pour
Maxi-Livres Profrance

Hohenzollernring 53, D–50672 Köln
www.taschen.com

Mise en page : Gilles Néret, Paris
Traduction française : Patrick Bouthinon et Martine Passelaigue, Munich
Couverture : Catinka Keul, Angelika Taschen, Cologne

Printed in Germany
ISBN 3–8228–1560–8

Table des matières

modigliani

Un germe fécond

Amedeo Modigliani – est-ce le nom, doux et mélancolique, qui pourrait être celui d'un personnage de roman aux traits lyriques et tragiques ? Ou bien est-ce l'habitude d'associer Amedeo Modigliani à l'univers du rêve et de la poésie, plus qu'à celui de la froideur descriptive ? Aucun nom d'artiste ne se cache pourtant derrière ces tendres sonorités. Amedeo Modigliani – tel est bien son nom – est né le 12 juillet 1884 à Livourne, en Italie ; il est issu d'une famille bourgeoise d'origine juive. Ses nus et ses portraits comptent désormais parmi les œuvres les plus populaires de la peinture du XXe siècle. Rares cependant sont les artistes modernes à avoir suscité tant de clichés, tant de mythes : sa vie a fait l'objet de plusieurs romans, d'une pièce de théâtre, de films aussi, qui se plaisent à en amplifier l'aspect bohème. Et même les ouvrages d'histoire de l'art regorgent d'anecdotes déformatrices. En revanche, il n'existe que très peu de témoignages authentiques sur la vie du peintre ; distinguer le vrai Modigliani du personnage romanesque reste donc une tâche difficile. Modigliani incarne tout ce que l'on imagine de la vie d'artiste – la bohème, l'infortune, les folles passions. Il est l'artiste même qui se donne à l'alcool et au cannabis, à l'amour et à la poésie, qui crée dans les ateliers venteux de Montmartre et Montparnasse, qui vit au cœur de l'univers artistique parisien à l'époque de la Première Guerre mondiale tout en restant un marginal de la Belle Epoque. Dans la capitale de l'avant-garde européenne, entouré de Pablo Picasso (1881–1973), Georges Braque (1882–1963), Henri Matisse (1869–1954) et Constantin Brancusi (1876–1957), il poursuit inlassablement sa voie artistique ; pauvre et sans succès, il ne peut payer ses additions dans les légendaires bistros du boulevard Montparnasse ou du boulevard Raspail qu'en esquissant d'un coup de crayon le portrait des clients attablés. Modigliani mourut jeune, à 35 ans seulement, de tuberculose. Sa vie, tout entière vouée aux beaux-arts, s'acheva dans la misère et la maladie. Et comme pour en souligner le caractère tragique, sa jeune fiancée, Jeanne Hébuterne, se jeta après sa mort du cinquième étage de l'immeuble où logeaient ses parents ; la petite fille née de son union avec le peintre allait rester orpheline.

Ces quelques précisions biographiques ne pouvaient mieux se prêter à des envolées lyriques ou à la rédaction d'une biographie d'artiste par excellence. La légende entourant Modigliani se mit très vite en place, dès sa disparition prématurée en janvier 1920. Y ont contribué tous ceux, amis, artistes, qui, l'ayant côtoyé à Paris, y allèrent de leur plume pour noter à travers d'innombrables anecdotes le souvenir qu'ils gardaient de cet Italien orgueilleux et obstiné. Sa famille, demeurée à Livourne, contribua elle aussi de façon posthume à l'élaboration du mythe – même si le contact s'était no-

Jeanne Hébuterne, 1919
Huile sur toile, 130 x 81 cm
Ceroni 305
Collection particulière

ILLUSTRATION PAGE 6 :
Autoportrait, 1919
Huile sur toile, 100 x 64,5 cm
Ceroni 337
São Paulo, Museu de Arte Contemporanea da Universidade

tablement relâché entre 1906 et 1920, lors de son séjour à Paris. Et en première ligne sa mère Eugénie Modigliani, d'origine française, qui passait, semble-t-il à l'époque, pour très émancipée. Eugénie Garsin était issue d'une famille juive de la grande bourgeoisie marseillaise, prétendument apparentée au philosophe Spinoza. En 1872, elle épouse Flaminio Modigliani, italien, fils d'une relation d'affaires de son père, et se retrouve à Livourne dans une famille qui n'est plus au faîte de la fortune. Au milieu de la décennie 1880, elle met au monde son quatrième et dernier enfant, Amedeo ; c'est alors que l'entreprise familiale – un négoce de bois et charbon –, frappée de plein fouet par la crise économique qui sévit en Italie, est déclarée en faillite. Eugénie Modigliani se lance dans la traduction de poèmes de Gabriele d'Annunzio, publie sous un pseudonyme des critiques littéraires et donne des cours particuliers, assurant ainsi à la famille un revenu salutaire. C'est à elle aussi, à son ouverture d'esprit, à son étonnante culture, que Modigliani doit d'accéder très tôt au monde de l'art et de la littérature. Les journaux intimes rédigés par ses soins, et partiellement publiés après la mort de son fils, nous renseignent sur la précocité et l'intensité de ce soutien. Tout commence avec une pleurésie qui, à l'âge de onze ans, cloue au lit durant de longues semaines le jeune Dedo – un surnom affectueux dont Modigliani avait hérité dans sa famille. « Je ne suis pas encore remise de la frayeur qu'il m'a causée », note Eugénie, et son inquiétude la pousse à ajouter : « Son caractère est encore tellement peu affirmé, je ne sais pas quoi en penser. Il se conduit comme un enfant gâté, pourtant côté intelligence il ne lui manque rien. Attendons pour voir ce qui se cache dans ce poupon. Qui sait, peut-être un artiste ? »

On en fit effectivement un artiste, mais toujours selon la chronique familiale, il fallut un deuxième facteur déterminant. Et de nouveau, c'est une maladie qui décida de la carrière de Modigliani, à savoir à l'âge de 14 ans le typhus qui, à l'époque, était encore une affection mortelle. En plein délire, le jeune Amedeo, toujours selon sa mère, aurait dévoilé son désir ardent de devenir artiste. Il rêvait de chefs-d'œuvre conservés dans les églises et les musées d'Italie et, une fois rétabli miraculeusement, on lui accorda la permission d'interrompre le cours normal de ses études pour s'inscrire à l'académie des beaux-arts de Livourne. S'il est permis de douter de la véracité de certains passages transmis par Madame Modigliani – comme ne s'est d'ailleurs pas privée de le faire la fille de l'artiste, Jeanne Modigliani, dans sa monographie « Modigliani sans légende » – il n'empêche que cette histoire est d'une importance primordiale. Elle met en place la tragédie qui va jalonner la vie ultérieure de Modigliani. Il ne peut recouvrer la santé qu'en embrassant la carrière artistique, et c'est la justification dont usera sa famille pour légitimer une option aussi opposée aux principes bourgeois. La maladie et la vision engendrée par celle-ci amènent le jeune Modigliani à concevoir son existence sur un mode intuitif et hallucinatoire, analogue à celui qui guidera plus tard sa main fébrile et son esprit exalté dans la peinture de ses tableaux. Les récits relatifs à l'enfance de Modigliani permettent donc d'appréhender sa vie future. L' « enfant gâté » s'effacera devant le dandy et le « dernier vrai bohémien » ; à Paris, le jeune homme malingre de Livourne laissera la place à un grand artiste harcelé par la misère qui, au vu de l'œuvre accomplie, n'épargna ni ses forces, ni sa santé.

Lorsque Amedeo Modigliani entame à l'âge de 14 ans ses études d'art, il est le plus jeune de sa classe. La modeste académie de Livourne est alors dirigée par Guglielmo Micheli (1886–1926), un ancien élève de Giovanni

Pablo Picasso
Tête de femme, 1901
Huile sur toile, 46,7 x 31,5 cm
Collection particulière

Ernst Ludwig Kirchner
Femme au chapeau, 1911
Huile sur toile, 76 x 70 cm
Cologne, Wallraf-Richartz-Museum

Tête de jeune femme, 1908
Huile sur toile, 57 x 55 cm
Ceroni 6
Villeneuve d'Ascq, Musée d'Art Moderne
Donation Geneviève et Jean Masurel

La Juive, vers 1908
Huile sur toile, 55 x 46 cm
Ceroni 9
Collection particulière

La peinture fut exposée au Salon des Indépendants en 1908, à une époque où dominait le chromatisme éclatant des Fauves. Les tons nuancés de Modigliani s'inspiraient davantage de Henri de Toulouse-Lautrec ou d'Edvard Munch. Même Paul Cézanne, qui mourut en 1906 et dont Modigliani vit la rétrospective en 1907, exerça une influence durable sur la peinture de Modigliani.

Etude pour : ***La Juive***, 1907–1908
Pastel et aquarelle, 30,5 x 23 cm
Collection particulière

Fattori (1825–1908), principal représentant des impressionnistes italiens, connus sous le vocable de Macchiaioli. Comme leurs maîtres français, Claude Monet (1840–1926), Auguste Renoir (1841–1919), Camille Pissarro (1830–1903) ou Alfred Sisley (1839–1899), les Macchiaioli s'appliquaient à reproduire sur la toile les phénomènes de la nature au moyen de touches légères, qu'on traduit en italien par «macchie».

En plus de ses études dans la classe de Guglielmo Micheli, Modigliani suivait des cours de dessin de nu à l'atelier de Gino Romiti. En juillet 1900, Amedeo fête ses 16 ans et tombe de nouveau gravement malade. Afin d'accélérer sa guérison, sa mère l'emmène passer l'hiver 1900–1901 au sud de l'Italie, plus chaud, à Naples, Capri et Rome. «Un germe fécond m'emplit peu à peu et soupire après une œuvre», confie le jeune étudiant en art sur un ton pathétique à son camarade d'études, Oscar Ghiglia, à qui il adresse plusieurs lettres au cours de ce voyage studieux et réparateur. Modigliani ne tarit pas d'enthousiasme sur Rome : «Rome n'est pas autour de moi, alors que je t'écris, mais en moi, entourée de ses sept collines, telle un fantastique joyau serti de sept idées impérieuses. Rome est l'orchestration dont je m'entoure, le cercle dans lequel je m'enferme, et dans lequel j'élabore ma pensée.

Pablo Picasso
Femme en chemise, 1905
Huile sur toile, 73 x 59,5 cm
Londres, The Tate Gallery

Nu – Nudo Dolente, 1908
Huile sur toile, 81 x 54 cm
Ceroni 8
Provenance: Richard Nathanson, Londres

Sa douceur fébrile, son paysage grandiose, ses formes emplies de beauté et d'harmonie, tout cela m'appartient, pénètre ma pensée et mon travail.»

Au printemps 1901, Modigliani suit Oscar Ghiglia, son aîné de neuf ans, à Florence et s'inscrit à la Scuola libera di Nudo. En 1903, il repart pour Venise toujours en compagnie d'Oscar Ghiglia, poursuit sa formation à la Scuola libera di nudo, et fréquente le milieu des artistes et des cafés littéraires. «C'était à l'époque un jeune homme aux traits fins, d'apparence aimable, ni grand, ni petit, mince, habillé avec élégance mais sobriété, se souvient le peintre Ardengo Soffici (1879–1964) qui, en 1903, visita Venise et trouva en Modigliani un guide averti. Soffici fut très impressionné par son étude approfondie sur la peinture de Sienne au Trecento et en particulier sur le Vénitien Carpaccio, qui semblait alors avoir le plus ses faveurs.»

Dans la période qui a précédé son départ pour Paris, Modigliani semble avoir consacré plus de temps et d'énergie à l'étude de l'histoire de l'art italien qu'à ses propres exercices. Pourtant, le temps d'étude en Italie, la rencontre de la tradition artistique face à des originaux, la découverte de «formes imprégnées de beauté et d'harmonie», comme il l'écrivait dans sa lettre de Rome, constituent l'un des fondements essentiels de son évolution artistique ultérieure. Tandis que Modigliani amassait les connaissances et produisait peu, son ami Oscar Ghiglia, avec lequel il partagea momentanément un atelier, travaillait sans désemparer. En 1903, Ghiglia réussit à exposer à la Biennale di Venezia un portrait de femme, de facture très traditionnelle. La peinture contemporaine y était représentée avant tout par l'impressionnisme français, qui jouissait entre temps d'une reconnaissance absolue et pour ce qui est de la sculpture, tous les hommages allaient au génial Auguste Rodin (1840–1917). On pouvait y voir aussi quelques tableaux relevant du symbolisme, des œuvres teintées d'onirisme aux décors surréels qui impressionnèrent fortement Modigliani, grand admirateur de la poésie de Baudelaire et Rimbaud. Contrairement à l'impressionnisme, parti principalement de France, le symbolisme était un mouvement paneuropéen apparu à la fin du XIXe siècle et recouvrant aussi bien la littérature que les arts plastiques. Les artistes symbolistes avaient en commun de vouloir créer des images en rupture avec la réalité visible, objet de recherches pour les naturalistes. En introduisant une irrationalité visuelle, ils souhaitaient convaincre de l'existence d'une autre réalité, dissimulée, qui pouvait au moins être envisagée. A Vienne, Sigmund Freud poursuivait ses travaux sur les effets de l'hypnose et des stupéfiants, et entamait la rédaction d'un ouvrage marquant sur la signification des rêves ; parallèlement, les artistes belges Fernand Khnopff (1858–1921) et James Ensor (1860–1949), les Français Odilon Redon (1840–1916) et Gustave Moreau (1826–1898), le Norvégien Edvard Munch (1863–1944) et l'Autrichien Alfred Kubin (1877–1959) travaillaient à l'invention d'une symbolique iconique à mettre au service d'états psychiques, de contenus spirituo-mystiques et de visions oniriques suggestives.

Tête de femme avec chapeau, 1907–1908
Aquarelle, 35,2 x 27 cm
Boston, MA, William Young & Co.

Concernant Modigliani, on a conservé trop peu de tableaux du temps de ses études pour pouvoir démontrer une influence directe de la peinture symboliste. Certaines toiles cependant, peintes dans les premières années parisiennes, s'apparentent par le motif à la peinture de la Belle Epoque, tel le portrait à mi-corps, *Un nu dolent* datant de l'année 1908 (ill. p. 11). Ce corps maigre rappelle étrangement les figures de l'artiste belge George Minne (1866–1941), classé comme artiste de l'art nouveau, et même la lithographie d'Edvard Munch, *Madone*. A travers le motif de la tête rejetée en arrière et de la bouche entrouverte comme sous l'effet de la douleur, se mêlent les sensations de souffrance, d'extase et de volupté. Les figures se présentent au spectateur soustraites à la réalité, entourées seulement par le silence et leur propre déchéance. L'expression du personnage est dissimulée derrière une sorte de masque qui lui tient lieu de visage. Les yeux, « fenêtres de l'âme », jouent dans la peinture des artistes symbolistes un rôle primordial. Qu'ils soient ouverts, fermés, comme dans le sommeil, ou aveugles, ils constituent toujours un organe de la vision, pouvant être tourné vers l'extérieur mais aussi vers l'intérieur. Ce détail revêt toute son importance si l'on considère l'évolution ultérieure de Modigliani comme peintre, puisque les yeux assumeront une fonction visionnaire. Ses portraits tardifs ont en commun de posséder un visage dépersonnalisé, où toute subjectivité fait place à une expression supra-individuelle, et reflètent la quiétude du personnage face à sa chute, soulignant ainsi la permanence chez Modigliani d'une union spirituelle avec la peinture symboliste.

Ce qui fut exposé en 1903 à la Biennale de Venise était certes nouveau, passionnant, mais cette année-là, on ne vit point le dernier cri dans les Giardini de la lagune. Après deux années passées dans cette ville, Modigliani

ILLUSTRATION PAGE 13 :
Nu au chapeau, 1907–1908
Huile sur toile, 81 x 54 cm
Ceroni 7a
Provenance: Richard Nathanson, Londres

entreprend la seule démarche laissée à l'époque à un jeune artiste ambitieux : il part pour Paris.

Paris en l'an 1906 : la capitale française compte à l'époque 2,73 millions d'habitants, la voirie s'y étend sur 978 km et les boulevards dessinés par le baron Haussmann font la fierté de ses habitants. 9622 lampes à arc et plus de 500000 ampoules illuminent la « Ville des Lumières », qui s'est enrichie depuis l'Exposition universelle de 1889 d'un nouvel emblème, la Tour Eiffel. « Par la richesse et la diversité de ses trésors artistiques, Paris demeure inégalée », mentionne une encyclopédie datant de 1906, et à la rubrique Fortification, on peut lire : « Alors qu'avant 1840, Paris était une ville ouverte, elle constitue aujourd'hui la plus grande place forte de la planète. »

Lorsque Modigliani arrive à Paris, il reste huit années avant que n'éclate la Première Guerre mondiale. Huit années qui vont compter parmi les plus fécondes dans l'histoire de l'art européen, qui ont porté en germe tout le XXe siècle et vont se trouver brutalement interrompues par l'irruption de la guerre. Pour un jeune artiste fraîchement débarqué de son Italie natale, l'avenir paraît en 1906 dégagé de tout nuage. Plus intéressant pour lui est ce qui ne figure encore dans aucune encyclopédie, à savoir que Paris est la capitale incontestée de l'avant-garde européenne, que de nombreux marchands d'art ouverts à l'innovation sont à l'affût des jeunes talents, que, l'année précédente, une nouvelle peinture, haute en couleurs et un peu « sauvage », a enthousiasmé le Salon d'Automne, avec des noms encore ignorés tels Henri Matisse, André Derain (1880–1954), Maurice de Vlaminck (1876–1958), que la critique affublera du sobriquet de Fauves ; ou encore que tout se passe sur la colline de Montmartre qui, grâce à Pablo Picasso, Juan Gris

Etude pour : ***Portrait de Paul Alexandre***, 1909
Pastel gras sur papier, 27 x 19,8 cm
Collection particulière

EN HAUT A GAUCHE :
Paul Alexandre, 1909
Collection particulière

ILLUSTRATION PAGE 14 :
Portrait de Paul Alexandre sur fond vert
1909
Huile sur toile, 100 x 81 cm
Ceroni 14
Collection particulière

(1887–1927) et aux autres locataires du légendaire Bateau-Lavoir, a connu un rajeunissement de ses habitants mais vit toujours selon sa réputation la vie folle des cafés, théâtres et dancings, telle que Henri de Toulouse-Lautrec (1864–1901) l'a immortalisée. En 1906, Paris s'apprête à connaître la deuxième vague des modernes. Avec la mort de Paul Cézanne le 22 octobre (1839–1906), c'est, après Vincent van Gogh (1853–1890) et Paul Gauguin (1848–1903), le dernier des «pères fondateurs des modernes» du post-impressionnisme qui disparaît. La même année, l'Etat français faisait l'acquisition du *Déjeuner sur l'herbe* d'Edouard Manet (1832–1883), tableau qui, en 1863, avait effrayé par son modernisme et provoqué un immense scandale, à cause de la jeune femme dénudée installée pour un pique-nique en forêt entre deux messieurs habillés de façon très bourgeoise.

Fils de bonne famille, Modigliani s'installa tout d'abord dans un hôtel confortable de la rive droite. Mais, bien vite, il gagna lui aussi la colline de Montmartre où, si l'on en croit l'écrivain d'art Adolphe Basler, son art inspiré et son physique avantageux «lui attirèrent toutes les faveurs». L'un de ses premiers amis parisiens fut le peintre allemand Ludwig Meidner (1884–1966), qui était venu étudier pour une année à l'Académie Julian. Meidner, évoquant les débuts de Modigliani à Paris, soulignait comme Basler les succès de celui-ci en société : «Dans la première décennie de ce siècle, on prenait encore goût à la vie de bohème, qui avait vu le jour au XIXe ici à Paris, à Montmartre et Montparnasse; les derniers fleurons de cet univers étaient des fils gâtés, raffinés, de la vieille bourgeoisie. Notre Modigliani – ou Modi, comme on avait l'habitude de l'appeler – était un personnage typique, et en même temps un des plus doués, de la bohème de Montmartre; et même, pour ainsi dire, le dernier bohémien authentique.» Meidner rajoutait que, ce qui l'avait beaucoup impressionné chez Modi – ce surnom ca-

Etude pour : ***L'Amazone***, 1909
Pastel gras sur papier, 29,5 x 21,5 cm
New York, Collection Mr. and Mrs. Alexander Lewyt

EN HAUT A GAUCHE :
Henri de Toulouse-Lautrec
Au Moulin-Rouge, La clownesse Cha-U-Kao
1895
Huile sur toile, 75 x 55 cm
Winterthour, Collection Oscar Reinhart

ILLUSTRATION PAGE 17 :
Femme en veste jaune (L'Amazone), 1909
Huile sur toile, 92 x 65 cm
Ceroni 21
Collection particulière

C'est grâce à ses liens étroits avec le Dr Paul Alexandre que Modigliani reçut sa première commande de portrait rémunérée. Mais lorsqu'il peignit en jaune la veste rouge de la baronne, celle-ci refusa le portrait, qui fut alors racheté par Paul Alexandre.

chait vraisemblablement un jeu de mot sur « peintre maudit » –, c'étaient son ouverture, son esprit et son engagement. En l'occurrence, l'origine italienne a joué un rôle non négligeable : « Jamais auparavant, je n'avais entendu un peintre parler de la beauté avec une telle fougue. Il me montra des photographies d'œuvres de maîtres florentins, dont le nom m'était encore ignoré. »

Dès 1907, Modigliani participait, semble-t-il, au Grand Palais à l'exposition réservée à l'avant-garde au sein du Salon d'Automne, qui avait été fondé quelques années auparavant. Ce salon, sans jury, était à nouveau dominé par les Fauves, dont la pâte expressionniste constituait un pas supplémentaire vers l'autonomie de la surface du tableau et le renoncement à la restitution illusoire des objets. Qu'une couleur pure, non mélangée, puisse servir au rendu de dégradés de tonalités, nous le savions déjà depuis Van Gogh ; et Gauguin qui, en concentrant toute son attention sur la surface du tableau, a contribué à l'émergence des modernes, nous a légué cette phrase : « Avant même de savoir ce que représente le tableau, on est d'emblée saisi par l'harmonie magique de ses couleurs. Et Matisse surenchérissait : Viser à l'effet optimal des couleurs – la toile importe peu. »

Portrait de Frank Burty Haviland, 1914
Huile sur carton, 72,5 x 59,5 cm
Ceroni 44
Milan, Collection Gianni Mattioli

Si l'on considère le tableau, *La Juive* (ill. p. 10), il apparaît évident que Modigliani hésite entre les courants de l'avant-garde. Sur ce portrait au regard sombre, composé comme une statue, on décèle l'influence aussi bien de l'art linéaire d'un Toulouse-Lautrec que du Picasso de la période bleue et ses corps efflanqués. En dépit d'une matière relâchée, *La Juive* est un tableau plein de mesure, dont le propos n'est pas la recherche absolue d'autonomie dans l'utilisation de la pâte et de la surface, mais la transmission d'une atmosphère. L'attitude sceptique et réservée, le regard provocant adressé au spectateur soulignent l'intérêt de l'artiste pour la psychologie de la personne représentée. A côté de cela, on trouve sur ce tableau des fragments fortement marqués par un traitement purement pictural de la toile, tel par exemple le champ de couleur présent en bas à droite, qui ne correspond à aucune matière concrète. Il semble bien que Modigliani n'ait pas oublié la définition de Maurice Denis (1870–1943), demeurée célèbre, affirmant qu'un tableau, avant de représenter un destrier, un nu ou une anecdote, est « essentiellement une surface plane recouverte de couleurs en un certain ordre assemblées ».

Quoi qu'il en soit, les œuvres de Modigliani se distinguent de celles de tous ses confrères qui, dans les années turbulentes de l'avant-guerre, connurent le succès – parfois trop vite. Lorsque *La Juive* fut exposée en 1908 au Salon des Indépendants, la machine infernale des « -ismes » sévissait de nouveau : le cubisme entrait en lice et bouleversait toutes les règles visuelles traditionnelles par l'éclatement de l'espace et de la perspective. En 1907, Pablo Picasso avait présenté la première toile cubiste, *Les demoiselles d'Avignon* (ill. p. 26), et était devenu avec Georges Braque le nouveau héros du monde de l'art ; la contribution de Modigliani passa inaperçue. L'un des journalistes les plus influents de l'époque, le poète Guillaume Apollinaire, mentionnait bien le nom de Modigliani mais pour préciser qu'il n'avait prêté à son œuvre « qu'un bref regard ». Modigliani n'était pas inconnu pour tout le monde. Un jour du printemps 1907, le peintre Henri Doucet l'emmena dans la maison de la Rue du Delta, qu'un certain Docteur Alexandre louait pour de jeunes artistes. Celui-ci, qui venait d'achever ses études, était fasciné par la peinture de Modigliani et il entreprit de le soutenir du mieux qu'il pût. Il lui acheta des dessins, des toiles et lui procura des commandes de portraits.

ILLUSTRATION PAGE 18 :
Etude pour : ***Le Violoncelliste***, recto, 1909
Huile sur toile, 73 x 60 cm
Ceroni 22a
Collection particulière

Esquisse pour : ***Portrait de Brancusi***
verso du *Violoncelliste*, 1909
Huile sur toile, 73 x 60 cm
Ceroni 22b
Collection particulière

Quelques portraits, parmi les meilleurs, réalisés à Montmartre, témoignent de leur amitié. Quant au tableau *Paul Alexandre sur fond vert* (ill. p. 14), si l'on se reporte aux études effectuées ou à une photo ayant été conservée (ill. p. 15), on constate que le modèle a posé devant le peintre de façon tout à fait classique. La présence du tableau *La Juive* – peut-être s'agit-il d'une étude –, accroché derrière lui, souligne le rôle de collectionneur du Docteur Alexandre. Nous avons là un grand bourgeois, intelligent, sûr de sa valeur, qui se fait immortaliser dans un portrait de belle allure ; le dégagement lumineux du front et le regard appuyé proviennent assurément de la photo prise à la même époque. Dans ces premiers portraits, Modigliani s'attache encore à reproduire avant tout la psychologie de son vis-à-vis, ce qui le rapproche d'Edvard Munch qui avait fait sensation au Salon d'Automne de 1908 avec plusieurs de ses tableaux.

Cette aptitude à dégager les traits caractéristiques du modèle, son sens pour l'élégance des formes et des couleurs, auraient suffi à faire de Modigliani l'un des portraitistes les plus sollicités du Tout-Paris. Paul Alexandre était à même d'introduire Modigliani, qui entre-temps occupait un misérable ate-

ILLUSTRATION PAGE 21 :
Homme à la barbe, vers 1918
Encre de Chine sur papier
Philadelphie, PA, Collection Mrs. Sydney G. Biddle

lier à Montmartre, dans les couches les plus élevées de la société. Ainsi en 1909, il réalisa après de nombreuses esquisses le très beau portrait de la baronne Marguerite de Hasse de Villers en cavalière, connu aujourd'hui encore sous le titre *L'amazone* (ill. p. 17). Sur les esquisses (ill. p. 16), on remarque comment Modigliani cerne graduellement son modèle, comment il utilise à travers le dessin les diverses facettes de l'expression pour aboutir finalement à une appréhension subtile du personnage représenté. Le regard reflète la morgue, la conscience de soi, l'orgueil et la coquetterie, ainsi qu'une volonté affichée de distanciation, la baronne rejeta son portrait avec véhémence et refusa de le payer.

Modigliani ne devint donc jamais le portraitiste de la Belle Epoque ; son parcours artistique l'éloigna définitivement de cette destinée. Le peintre Curt Stoermer, qui avait fait sa connaissance en 1909, a clairement exposé ce revirement de conception artistique. Un jour, il rendit visite à Modigliani dans son atelier et vit le tableau *Le violoncelliste* (ill. p. 18) ; celui-ci, selon Stoermer, « jouissait déjà d'une mystérieuse renommée ». Ce dernier admira « l'extrême subtilité de la peinture » qui, par une ingénieuse différenciation des couleurs, fait s'enlacer le musicien avec son instrument et le montre étrangement absent du monde. « Plus tard, poursuit Stoermer, j'ai constaté, au vu des œuvres suivantes, que la pose profondément inspirée du violoncelliste représentait un stade de son évolution qu'il abandonna très vite. Il détestait

EN BAS A DROITE :
Nu penché sur le côté, 1909
Pastel sur papier, 43 x 26 cm
Collection particulière

Le mendiant de Livourne, 1909
Huile sur toile, 65 x 54 cm
Ceroni 24
Collection particulière

le ressentiment. Qu'importent les états d'âme à un artiste ? Il élimina la substance, sa peinture devint objective, son dessin gagna en épaisseur pour arriver à ces contours précis, qui s'écoulaient instinctivement de sa main nerveuse à l'extrême. » En effet, les œuvres postérieures donnent à chaque détail un caractère universel, confinant à l'anonymat, par un double processus de forte réduction du narratif et d'extraordinaire stylisation de la représentation. Ce faisant, Modigliani développe un idéal de beauté qui lui est très personnel et soumet le modèle à un traitement réducteur. Au-delà de la psychologie et du caractère, c'est un idéal pictural qui obéissait à sa quête effrénée d'un style propre, de « formes imprégnées de beauté et d'harmonie ». Car, si Modigliani resta dans les premières années parisiennes très proche de modèles comme Toulouse-Lautrec, Munch ou Cézanne, il sut à un certain moment trouver les moyens de son autonomie stylistique, comme en témoigne l'ensemble des peintures tardives, qui représente le véritable « Modigliani ». Cet objectif l'éloigna pour un temps de la peinture et le mena à la sculpture. Il fut aidé en cela par le sculpteur roumain Constantin Brancusi qui vivait à Paris depuis quelques années et pratiquait une sculpture dépouillée, à caractère idolâtre, d'une beauté harmonieuse. Le portrait de Brancusi, resté inachevé et se trouvant au verso du *Violoncelliste*, nous permet de situer la rencontre des deux artistes en 1909, année considérée généralement comme celle où Modigliani s'orienta vers la sculpture.

EN BAS A GAUCHE :
Nu sur le divan, vers 1909
Fusain sur papier, 43 x 26 cm
Collection particulière

Tête de femme, 1910,
Huile sur toile, 55 x 38 cm
Ceroni 30
Collection particulière

Les piliers de la tendresse

Cariatide , 1912–1913
Grès calcaire, 162,8 x 32,2 x 29,6 cm
Canberra, Australian National Gallery

Sur les raisons ayant amené Modigliani en 1909 à délaisser la peinture au profit de la sculpture, il est difficile d'aller au-delà des spéculations. On peut supposer que Modigliani subit durant sa jeunesse l'influence de l'héritage antique présent sur le sol italien et se sentit attiré par la sculpture ; Ortiz de Zarate (1886–1946), rencontré durant leurs études communes à Venise, alla jusqu'à l'affirmer. On peut supposer aussi qu'il ne l'ait pas fait plus tôt pour des raisons pratiques : la sculpture sur pierre, techniquement coûteuse, exige de l'espace. C'est à la faveur d'un déménagement dans un atelier sur cour qu'il se serait tourné vers la sculpture. Il n'est pas impossible non plus que Modigliani en soit venu à essayer une autre spécialité, faute d'un succès véritable. Même ses contemporains ne sont pas à même de fournir une explication satisfaisante sur les raisons de ce changement : « Il était obnubilé par la sculpture », écrit par exemple le peintre Curt Stoermer, qui est l'un des rares à nous renseigner sur la démarche de Modigliani : « Il se fit apporter un bloc de grès devant son atelier et se mit au travail directement dessus. De même qu'il pouvait se laisser aller à la paresse, à l'oisiveté la plus totale, de même il se lança à corps perdu dans le travail. Dès les premières lueurs matinales, le métal cliquetait entre ses doigts. Il a taillé toutes ses sculptures directement dans la pierre. Il n'a jamais touché ni la terre, ni le plâtre. Il se sentait une vocation pour la sculpture et à certaines périodes, la pulsion se réveillait. Il rangeait alors son attirail de peintre et empoignait le marteau. » Cette épopée héroïco-michelangelesque est peu plausible. Tout d'abord, il n'est pas le seul à s'être essayé à la sculpture : Matisse, Picasso, Derain l'ont aussi fait ; ensuite, s'il a été conduit à remiser son chevalet, c'est sous l'influence de deux facteurs déterminants : en premier lieu la sculpture africaine, dont on découvrit les beautés dans les années d'avant-guerre, en second, les plastiques de Brancusi, qui furent exposées en même temps que les œuvres picturales de Modigliani au Salon d'Automne de 1907 et au Salon des Indépendants de 1908.

Brancusi vivait lui-même à Paris depuis 1904 et, au moment où il fait personnellement la connaissance de Modigliani en 1909, il vient d'emménager dans un atelier de la Rue du Montparnasse. Il est probable que, la même année, Modigliani quitte son domicile montmartrois pour s'installer dans un atelier à Montparnasse, afin de se rapprocher de son inspirateur Brancusi. Peut-être ne fait-il après tout que suivre le mouvement général parmi les artistes qui commencent à fuir le Montmartre idyllique, envahi par les touristes. En tout état de cause, Modigliani se consacra à la sculpture dans la cour de son atelier au fond de la Cité Falguière, à une période qu'on peut situer autour de l'année 1910, puisqu'il créa alors peu de tableaux et que les

ILLUSTRATION PAGE 24 :
Nu debout, 1911–1912
Huile sur carton, sur bois, 82,8 x 47,9 cm
Ceroni 34
Nagoya, The Nagoya City Art Museum

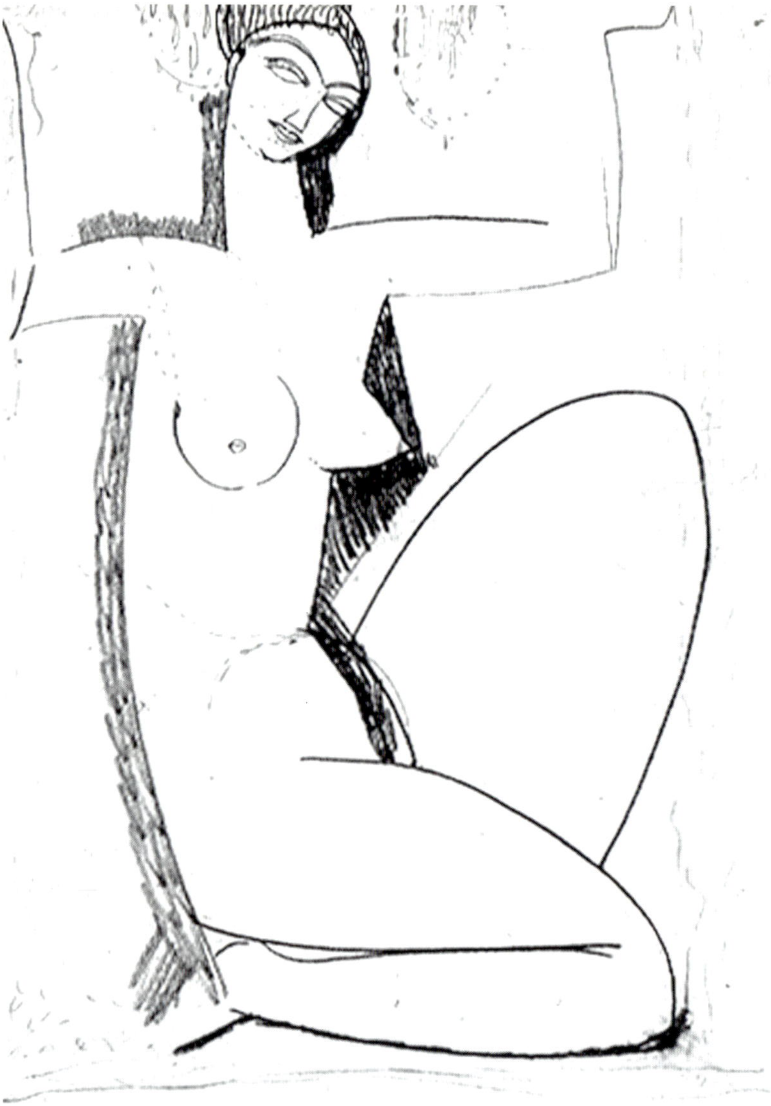

Cariatide, vers 1912/13
Mine de plomb sur papier, 39,7 x 25,7 cm
Dijon, Musée des Beaux-Arts, Donation Granville

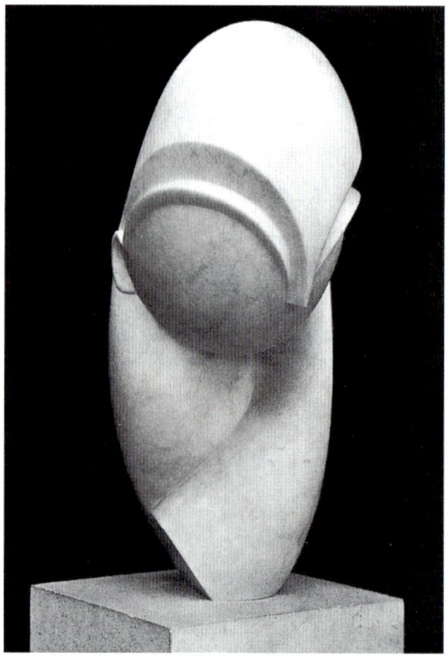

lettres maternelles étaient adressées à «Modigliani, scultore». On a conservé quelque 25 sculptures de pierre et un ouvrage de bois. Concernant l'évolution stylistique et la datation des œuvres, les historiens de l'art ont les avis les plus divergents. On retiendra comme dénominateur le plus commun que la phase de sculpture a duré au plus de 1909 à 1914.

Une sculpture se distingue par le fait qu'elle occupe l'espace sur trois dimensions, s'apparentant ainsi au corps humain. C'est la raison pour laquelle l'Antiquité et la Renaissance firent de l'homme le thème principal de leur sculpture. Il existe une différence fondamentale entre une plastique où l'on procède par rajouts de matériau, et celle au contraire, où l'on en soustrait, à partir d'un bloc de pierre ou de bois. Cette procédure avait conduit Michel-Ange (1475–1564) à la théorie néo-platonicienne selon laquelle chaque pierre travaillée par un sculpteur porte déjà en elle la forme ultime de la sculp-

Pablo Picasso
Les Demoiselles d'Avignon, 1907
Huile sur toile, 243,9 x 233,7 cm
New York, The Museum of Modern Art
Acquired through the Lillie P. Bliss Bequest

Constantin Brancusi
Mademoiselle Pogany, 1913
Marbre, hauteur 44 cm
Paris, Musée National d'Art Moderne
Centre Georges Pompidou

ILLUSTRATION PAGE 27 :
Cariatide rose (Audace), vers 1914
Gouache et pastel sur papier, 60 x 45,5 cm
West Palm Beach, FL, Norton Gallery of Art

Cariatide, 1914
Grès calcaire, 92,1 x 41,6 x 42,9 cm
New York, NY, The Museum of Modern Art
Mrs. Simon Guggenheim Fund

Modigliani reprit dans près de soixante dessins et plusieurs peintures le motif antique du support architectonique qu'est la cariatide. Le dessin de la page 26 montre une tête de cariatide sur laquelle sont disposées des bougies en guise de couronne. Les témoins de l'époque rapportent que Modigliani illuminait ainsi ses sculptures.

Tête, 1911–1912
Grès calcaire, 71,1 x 16,5 x 23,5 cm
Philadelphie, PA, Philadelphia Museum of Art, given by Mr. Maurice Speiser in memory of her husband

ture, et que le travail du sculpteur consiste simplement à débarrasser la pierre de la matière superflue. Qu'il porte en l'occurrence le poids de la décision préliminaire à chaque coup de marteau, qu'il ne puisse, à l'inverse du plasticien, apporter a posteriori la moindre correction, relevait pour Michel-Ange et des générations de statuaires après lui du sens artistique, lequel, en fin de compte, était considéré comme un don de Dieu. Lorsque Modigliani, qui n'avait suivi aucune formation pour cela, opte pour la sculpture sur pierre, plus ardue, et refuse délibérément de travailler le plâtre, la terre ou l'argile – comme le faisait Rodin –, il recherche intuitivement la filiation à une noble tradition. «Je veux tout faire dans le marbre», écrit-il sans ambages à son ami Paul Alexandre d'Italie où il séjourne au printemps 1913 pour trois mois, avant d'ajouter plus modestement : «Le dénouement approche. Toutefois, l'arc ne se bandera pas, si je reste encore deux semaines sans travailler.»

Si l'on se réfère à l'historien de l'art Gerhard Kolberg, la sculpture de Modigliani hésite «entre l'idéal le plus noble et l'exigence plastique, entre une facture ‹primitive› et une facture archaïque.» Il est tout de même étonnant

Cariatide, 1913
Mine de plomb et aquarelle, 33,5 x 27,3 cm
Collection particulière

Marcelle, 1917
Huile sur toile
Collection particulière

de voir comment ce néophyte réussit d'emblée à créer une unité stylistique. Chaque tête est immédiatement identifiable comme étant de Modigliani; vu sous cet angle, on entrevoit parfaitement ce que Curt Stoermer voulait dire lorsqu'il parlait chez Modigliani d'une vocation de sculpteur.

Le début de sa période plastique coïncide avec son déménagement à Montparnasse qui, à l'époque, était un quartier nouveau situé en bordure de la ville. Le Boulevard Raspail et le Boulevard du Montparnasse se bordèrent peu à peu de très beaux immeubles; conjointement se poursuivait en sous-sol la construction du métropolitain. La légende veut que Modigliani ait rapporté des chantiers voisins les blocs de pierre nécessaires à sa sculpture et, pour ses têtes taillées dans le bois, il s'agirait de traverses destinées aux voies du métro. L'œuvre plastique de Modigliani présente une homogénéité qui lui est propre; les figures sont allongées, ressemblent à des stèles et n'occupent que très peu d'espace. Dans la plupart des cas, il s'agit de têtes iconiques semblables à des idoles et qui, par leur sobriété et leurs proportions harmonieuses, revêtent un caractère altier et majestueux.

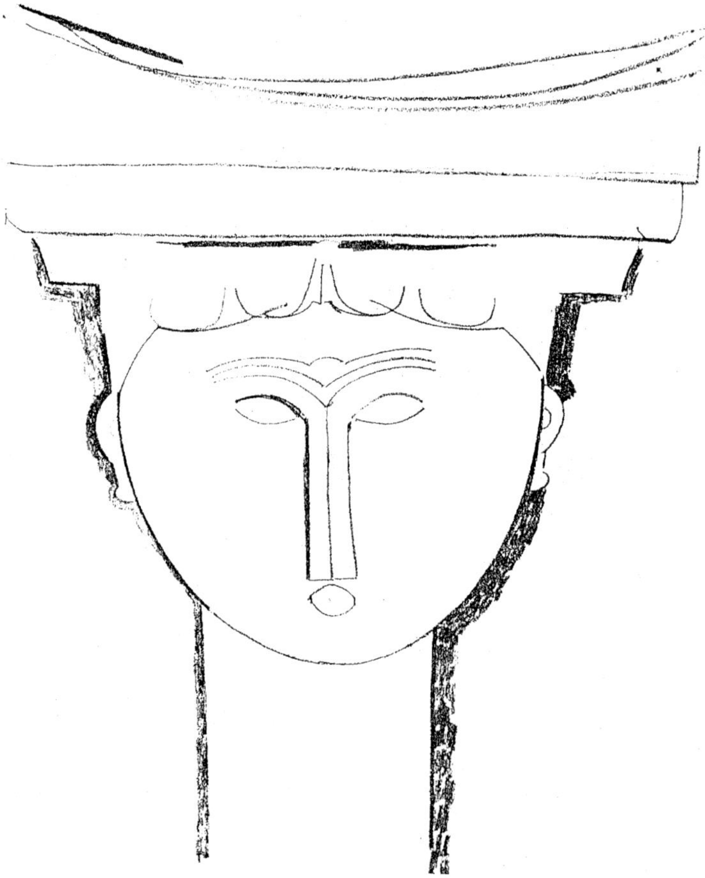

Balouba, République populaire du Congo
Bois, hauteur 40 cm
Turvuren, Musée Royal de l'Afrique Centrale

EN HAUT A DROITE :
Tête de cariatide, vers 1909
Pastel sur papier, 32 x 27 cm
Collection particulière

ILLUSTRATION PAGE 30 :
Cariatide, 1913–1914
Mine de plomb, aquarelle et pastel
53 x 43,8 cm
Paris, Musée d'Art Moderne de la Ville de Paris

ILLUSTRATION PAGE 31 :
Cariatide, 1913–1914
Mine de plomb et tempera sur papier
90 x 70 cm
Collection particulière

En 1911 à l'occasion d'une exposition, Modigliani montre plusieurs exemplaires de ses têtes en un «ensemble décoratif». L'unité formelle des œuvres s'affirme ainsi à travers leur vocation à une présentation commune. L'œuvre isolée est dénuée de raison d'être, elle ne la trouve que dans l'ensemble. Pour renforcer l'effet de celui-ci, Modigliani a imaginé un éclairage particulier; selon plusieurs témoins, il avait eu recours à des bougies. Le caractère solennel de cette mise en scène visait à procurer une impression mystérieuse, quasi religieuse. Que l'on imagine ces pierres dans une semi-pénombre, éclairées seulement par la lueur vacillante de bougies et on ne peut s'empêcher d'évoquer une scène d'exorcisme, des coutumes païennes ou des mythes éteints. Modigliani définissait ses sculptures comme des «piliers de la tendresse», qu'il voulait voir exposés dans un «temple de la beauté» imaginaire. Sa conception de la sculpture était teintée de poésie; elle rapproche ces figures de pierre des idoles cabalistiques. La stylisation extrême des visages, les cous allongés, les nez lancéolés et les yeux réduits à leur contour, renvoient à l'évidence aux sculptures dites primitives, qui étaient alors le point de mire de l'avant-garde parisienne. Pourtant, si l'on compare ces œuvres de Modigliani aux objets de l'art nègre ou aux objets cultuels païens de l'Antiquité, tels ceux retrouvés dans les Cyclades, on ne peut parler que de parenté et en aucun cas d'emprunts formels. Cette quête d'épuration, génératrice d'élégance, ne dépasse pas le stade de la paraphrase des primitifs.

On ne peut nier l'inspiration puisée dans les créations de la haute époque ou en dehors de l'Europe, ces sculptures leur sont en tout cas apparentées par le caractère originel de l'expression générale.

Sur le plan formel, les sculptures de Modigliani reflètent un penchant prononcé pour la statuaire et la tectonique. Outre les têtes de pierre dont l'identité demeure incertaine, il s'exprime dans une deuxième série d'œuvres et imprègne autant son activité de sculpteur que celle de peintre ou de dessinateur. Le thème de la cariatide trahit chez Modigliani un retour délibéré à l'Antiquité gréco-romaine. La cariatide est une figure murale de forme humaine, à usage essentiellement architectonique. Elle a pour fonction de supporter une corniche ou un étage entier; stricto sensu, c'est un étai. La seule cariatide exécutée par Modigliani, et conservée aujourd'hui au Museum of Modern Art de New York (ill. p. 28), n'évoque cette fonction originelle que par la position du corps. Agenouillée sur une jambe, l'autre repliée contre le tronc, cette figure féminine, robuste, a les deux bras levés au-dessus de la tête, comme si elle portait une charge que Modigliani a suggérée par l'addition d'un plateau horizontal. A l'inverse de ses têtes qui, pour la plupart, sont polies, la surface de ce portefaix a été laissée à l'état brut, si bien que l'on peut distinguer avec netteté les coups de marteau et de burin. Le contraste entre une figure taillée et l'apparence non travaillée du matériau nous ramène aux *Esclaves* de Michel-Ange conservés au Louvre, et plus précisément à l'*Esclave mourant*,

Madam Pompadour, 1915
Huile sur toile, 61 x 50,4 cm
Ceroni 57
Chicago, The Art Institute of Chicago
Joseph Winterbotham Collection, 1938.217

EN HAUT A GAUCHE :
Tête, vers 1911–1912
Grès calcaire, 65 x 19 x 24 cm
Washington, DC, National Gallery of Art,
Chester Dale Collection, © 1996
Board of Trustees, National Gallery of Art,
Washington

EN HAUT A GAUCHE :
Etude pour : ***Tête***, vers 1912
Pastel bleu sur papier, 62,5 x 23 cm
Villeneuve d'Ascq, Musée d'Art Moderne
Donation Geneviève et Jean Masurel

EN HAUT A DROITE :
Tête, vers 1911–1912
Bronze, 73 x 23 x 31 cm
Edition Valsuani en 12 exemplaires d'après l'original en pierre
Collection particulière

CI-DESSOUS :
Tête d'idole, vers 2600 avant J.-C
Marbre, sculpture trouvée sur Amorgos
Paris, Musée du Louvre

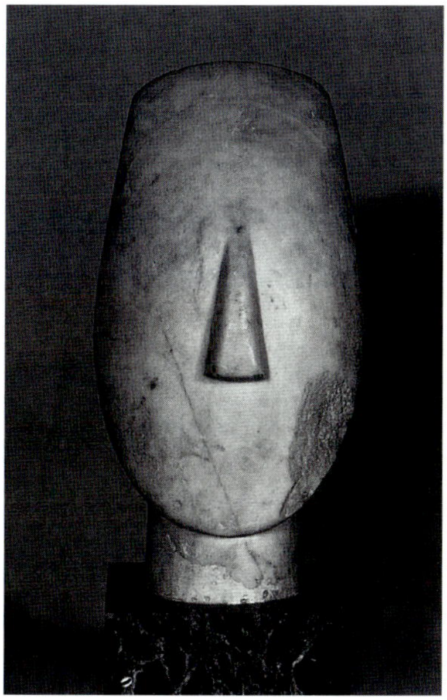

ILLUSTRATION PAGE 34 :
Tête, 1911–1913
Grès calcaire, 63,5 x 15,1 x 21 cm
New York, NY, Solomon R. Guggenheim Museum

dans lequel le combat avec la mort est représenté avec une retenue et une vigueur qui se retrouvent sur la sculpture de Modigliani.

La fonction originale de la cariatide est au service de l'expressivité d'une attitude. Par sa manière de traiter le motif, Modigliani fait de sa sculpture l'archétype de l'être humain porteur d'un fardeau. Il s'intéresse moins à la problématique purement statuaire, le volume du corps et son occupation de l'espace, qu'à la symbolique de la figure qu'il ne perd jamais de vue.

L'influence de la sculpture archaïque sur l'art de la période ayant précédé la Première Guerre mondiale fut considérable ; c'était là une des composantes importantes de la critique de la civilisation. Les « sculptures nègres » incarnaient des valeurs originales de naturel, de simplicité, de limpidité, et devinrent très vite des objets de collection. Les voies techniques et matérialistes, sur lesquelles s'étaient engagées les nations industrialisées au XIXe siècle, suscitèrent au début du XXe de nombreux mouvements en réaction. La retraite de Gauguin dans les mers du Sud en représentait un aspect. L'autre aspect était incarné par les futuristes qui, en 1909, rédigèrent un manifeste dans lequel ils appelaient à une rupture totale avec toutes les traditions et proclamaient, non sans provocation, qu'une voiture de course est plus belle que la Victoire ailée de Samothrace, l'un des chefs-d'œuvre conservés au Louvre. Ces deux démarches, d'une part le retrait dans la marginalité, de l'autre la proclamation de sa foi envers le progrès, étaient les avatars d'une même quête, celle d'un renouveau vou-

Le buste rouge, 1913
Huile sur toile, 81 x 46 cm
Ceroni 38
Collection particulière

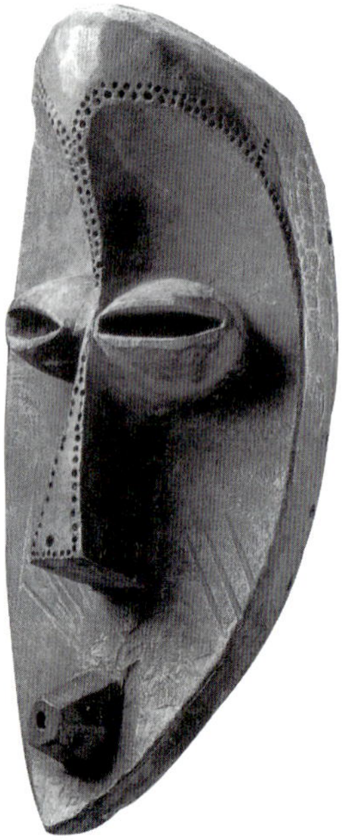

Masque africain des Mahongwé
République populaire du Congo
Bois dur
Genève, Collection Barbier-Mueller

lant substituer à une sensation d'aliénation, un sentiment d'authenticité. Dans ses *Demoiselles d'Avignon* (ill. p. 26), Picasso déversa tout son mépris pour l'art de la Belle Epoque, jugé trop raffiné. La rudesse de ce tableau bousculait toutes les habitudes visuelles, et suscitait à travers les distorsions une expressivité iconique. Cette vision traduisait la perte d'une perspective spatiale assurée, pour le spectateur la mise en lumière de la relativité de son point de vue. Ces caractéristiques, adoptées par tous les modernes d'Europe – dès 1905, Albert Einstein publiait les premiers fondements de sa théorie de la relativité –, seront illustrées par Picasso et les autres peintres cubistes dans des formes qui s'inspirent de sculptures extra-européennes.

ILLUSTRATION PAGE 37 :
Tête, 1911–1912
Grès calcaire, 63,5 x 12,5 x 35 cm
Londres, The Trustees of the Tate Gallery

L'expérience plastique de Modigliani se révélera éminemment bénéfique pour sa peinture et le conduira sur le plan formel à la réduction, à la linéarité, à l'abstraction, débouchant finalement sur un langage homogène, reconnaissable entre mille. Pour s'en convaincre, il suffit de contempler ses tableaux et, surtout, ses nombreux dessins de cariatides. Ce motif antique permet à Modigliani d'acquérir un style linéaire, des formes aux contours légèrement arqués ainsi que le caractère bidimensionnel devenu en quelque sorte son image de marque. Il est étonnant de noter à quel point ces formes curvilignes se distinguent des formes géométriques et acutangulaires, chères aux cubistes. Au morcellement des objets en facettes, Modigliani préfère l'élan des lignes qui donne aux formes consistance et structure. La sobriété de la coloration en revanche situe ces «Cariatides» en parenté directe avec le cubisme. Sur l'un des rares tableaux peints au cours de cette période, la *Cariatide* de 1912 (Kunstsammlung Nordrhein-Westfalen), Modigliani n'emploie que des tons de marron et gris foncé. La pâte s'est simplifiée et donne même en certains endroits un sentiment d'imperfection. Le trait esquissé s'accompagne de traits plus précis, à partir desquels il développe la figure féminine et qui produit un heureux contraste de statique et de dynamique, de sincérité et d'unité. Cette figure comporte un élément de danse rappelant l'origine mythologique des cariatides, qui honoraient de leurs danses la déesse Artémis de Caryes. Contrairement à sa consœur de pierre, cette cariatide peinte ne porte aucune charge matérielle et, par conséquent, ne nécessite aucune base solide. Les bras levés et la tête inclinée «supportent» uniquement le bord supérieur du tableau; la position assise bizarrement mal assurée lui confère un caractère énigmatique. Elle est à la fois plastique, image, une déesse de pierre incarnant la beauté de la peinture.

Un jour que le Douanier Rousseau (1844–1910) visitait l'atelier de Constantin Brancusi, il prononça une phrase devenue célèbre : «Je vois ce que tu veux faire, tu veux transformer les anciens en modernes.» Cette assertion pourrait d'une certaine manière s'appliquer à Modigliani, a contrario toutefois. Car Brancusi, dont l'œuvre remettait radicalement en cause la fonction d'illusion de la sculpture, posait le problème de l'avenir de l'objet plastique; pour Modigliani la rencontre avec l'univers formel de cultures extra-européennes déboucha sur une quête lyrique tournée vers le passé, vers des «formes imprégnées d'harmonie et de beauté». Parvenu à ce stade de sa création, Modigliani s'affirme finalement comme un marginal. Il n'abandonne pas physiquement le cadre civilisé auquel il est rattaché. Il reste à Paris. Ce qu'il abandonne, c'est son époque, c'est l'avant-garde. Modigliani est un artiste qui, en rupture avec le marché de l'art parisien, s'accroche à la beauté d'un modèle humain inaltéré et au potentiel de reproduction de celui-ci. Un artiste qui ne délivre aucun manifeste, mais peint, dessine, sculpte, toujours et encore. A en croire Jacques Lipchitz (1891–1973), le sculpteur cubiste, «son art était l'expression de ce qu'il ressentait personnellement. Lorsqu'il travaillait, il était comme possédé, il enchaînait dessin sur dessin sans s'arrêter, sans apporter la moindre correction, sans réfléchir au moins un instant. Visiblement, il travaillait entièrement d'instinct, un instinct extrêmement sûr et sensible qui avait peut-être à voir avec ses origines italiennes et sa prédilection pour la peinture du début de la Renaissance.»

L'élan artistique de Modigliani échappe, semble-t-il, à tout débat esthétique. Ses sculptures ne sont pas le fruit de thèses; elles proviennent, et cela éclaire le surnom lyrique de «piliers de la tendresse», d'une appréhension globale de l'art empreinte de poésie. Modigliani nourrissait une véritable

Tête, 1910–1911
Grès calcaire, hauteur 51 cm
Fort Worth, TX, Gwendolyn Weiner

La beauté

Je suis belle, ô mortels! comme un rêve de pierre,
Et mon sein, où chacun s'est meurtri tour à tour,
Est fait pour inspirer au poète un amour
Eternel et muet ainsi que la matière.

Je trône dans l'azur comme un sphinx incompris;
J'unis un cœur de neige à la blancheur des cygnes;
Je hais le mouvement qui déplace les lignes,
Et jamais je ne pleure et jamais je ne ris.

Les poètes, devant mes grandes attitudes,
Que j'ai l'air d'emprunter aux plus fiers monuments,
Consumeront leurs jours en d'austères études;

Car j'ai, pour fasciner ces dociles amants,
De purs miroirs qui font toutes choses plus belles:
Mes yeux, mes larges yeux aux clartés éternelles!

Charles Baudelaire

passion pour la poésie; il pouvait réciter par cœur des extraits de Dante ou Pétrarque et il le faisait d'ailleurs souvent devant son chevalet. Ses contemporains se plaisent à mentionner l'étendue d'une culture où l'on retrouve les noms de Mallarmé, Rimbaud, Baudelaire, Nietzsche, Bergson et D'Annunzio. Ils se souviennent tous ne l'avoir jamais rencontré sans un livre; et surtout un livre qu'il appréciait au point de le garder constamment avec lui, «Les chants de Maldoror» de Lautréamont qui deviendra une source d'inspiration pour les surréalistes. Mais plus que tout peut-être, c'est la poésie du XIXe siècle qui a déterminé la compréhension de l'art chez Modigliani et ainsi, son œuvre ne peut en aucune façon être jugée à la même aune que l'avant-garde du XXe siècle. Mais plutôt à l'aune d'un poème de Baudelaire comme «La beauté» extrait de l'anthologie «Spleen et Idéal». En effet, si on lit ce poème devant les idoles de pierre de Modigliani, on en retire l'impression qu'il a été écrit pour elles ou, ce qui plus probable, l'inverse, qu'elles ont été créées pour le poème.

ILLUSTRATION PAGE 39 :
Marie et Femme, 1915–1916
Huile sur toile, 55,2 x 46,3 cm
Ceroni 55
New York, NY, The Museum of Modern Art
Gift of Frederic Clay Bartlett

MODIGLIANI

PAUL

C'était un aristocrate

Pierrot, 1915
Huile sur carton, 43 x 27 cm
Ceroni 52
Copenhague, Statens Museum for Kunst

La naissance d'une œuvre d'art s'opère au cœur d'un réseau complexe d'échanges sociaux et d'influences mutuelles entre artistes, commanditaires, critiques et un public potentiel aussi large que possible, qui déterminent l'attitude à adopter face à l'œuvre en question. Au cours des années précédant la Première Guerre mondiale, Paris est le terrain idéal pour susciter de telles interactions. L'infrastructure sophistiquée de la vie artistique et culturelle offre toutes les conditions pour l'émergence de ce que l'on a baptisé depuis l'avant-garde. Il n'y avait pas de maître à penser; le mouvement se décomposait plutôt en une multitude de partis pris artistiques et reposait avant tout sur un tissu serré de relations personnelles – le développement nous en apparaît aujourd'hui plus intense qu'il ne le fut en réalité. Les historiens de l'art ont une fâcheuse tendance à vouloir tout classifier; ils ont fait de cette époque une série de «ismes» – Fauvisme, Cubisme, Futurisme, Orphisme, Dadaïsme – qui laisserait à penser que des groupes antagonistes collectionnaient les avancées artistiques, selon une logique bien déterminée. L'origine militaire du mot «avant-garde» n'est peut-être pas étrangère à cette présentation de l'émergence des modernes comme une suite de victoires et de défaites. Au terme de sa longue existence, Picasso déclara un jour : «Lorsque nous avons inventé le Cubisme, nous n'avions nullement l'intention d'inventer le cubisme. Nous voulions seulement exprimer ce que nous ressentions en nous.» Même si ce genre d'assertion n'est jamais exempt d'une certaine dose de glorification, car il est vrai qu'il n'était pas question que d'idéal : il fallait aussi exposer, vendre, se faire reconnaître. Les paroles de Picasso trahissent pourtant l'écart qui s'est installé entre un phénomène, désormais historique, et la réalité vécue par les intéressés. Victime de schémas souvent apparus ultérieurement, on s'est représenté le Paris de l'avant-guerre comme le lieu de rencontre de personnalités fascinantes venues d'horizons les plus divers, comme un creuset où, d'un même élan et dans la plus parfaite communion, une foule d'artistes, littérateurs, musiciens, critiques, œuvraient à la création de l'art d'un XXe siècle encore naissant.

La guerre marqua un coup d'arrêt. Le contexte culturel fut, à Paris comme partout en Europe, réduit à néant par la fuite, l'émigration, la mobilisation et bientôt, les blessures et la mort. A Paris, il se répandit après le 1er août 1914 parmi ceux qui étaient restés, tout d'abord un sentiment d'abandon puis, peu à peu, l'idée qu'on devait bon gré mal gré s'adapter à la nouvelle situation. A la déclaration de guerre, Modigliani voulait apparemment s'engager pour le front mais, pour des raisons de santé, il ne fut pas incorporé et se retrouva parmi ceux qui passèrent le temps de guerre à Paris. C'est à ce moment-là que, après la phase consacrée à la sculpture, il revint à la

ILLUSTRATION PAGE 40 :
Portrait de Paul Guillaume, 1916
Huile sur toile, 80,5 x 54 cm
Ceroni 108
Milan, Civico Museo d'Arte Contemporanea

Le jeune marchand d'art Paul Guillaume, qui ouvrit sa galerie du Faubourg Saint-Honoré au printemps 1914, représentait une série d'artistes encore inconnus, tels De Chirico, Derain ou Delaunay. C'est Max Jacob qui attira son attention sur Modigliani, en faveur duquel il s'engagea dès 1914, relayant ainsi le Dr Paul Alexandre que Modigliani avait perdu de vue depuis le début de la guerre. Guillaume et Modigliani, ne pouvant être enrôlés pour des raisons de santé, passèrent tous deux les années de guerre à Paris.

Portrait de Diego Rivera, 1914
Huile sur carton, 100 x 79 cm
Ceroni 41
São Paulo, Museu de Arte

Le peintre mexicain arriva en 1911 à Paris, où très vite il fréquenta les cercles autour de Picasso. Rivera, qui épousa en 1929 la femme peintre Frida Kahlo et devint dans les années trente l'un des plus grands représentants de l'école mexicaine, fut souvent portraituré par Modigliani. Celui-ci traduisit le pathos révolutionnaire et le tempérament passionnel de cet « Indien fougueux » dans un style pictural libre et vigoureux.

Portrait de Max Jacob, 1916
Huile sur toile, 73 x 60 cm
Ceroni 104
Düsseldorf, Kunstsammlung Nordrhein-Westfalen

Jean Cocteau
Modigliani, Max Jacob, André Salmon et Ortiz de Zarate, de gauche à droite, 1916

Portrait de Pablo Picasso, 1915
Huile sur carton, 34,5 x 26,5 cm
Ceroni 96
Collection particulière

Pablo Picasso, 1914
Graphite sur papier, 22,5 x 27 cm
Antibes, Musée Picasso

Jean Cocteau
Modigliani, Picasso et André Salmon, de gauche à droite, 1916
« Une journée avec Picasso » : un dimanche du mois d'août 1916, pendant la guerre donc, une petite assemblée de gens illustres se retrouvent devant la Rotonde, à Montparnasse, et se fait prendre en photo par Jean Cocteau. Modigliani est à côté de Picasso, dont il a réalisé le portrait l'année précédente. A droite, André Salmon, qui écrira plus tard le roman « Montmartre-Montparnasse. La vie d'Amedeo Modigliani ». A partir des 21 photos de Cocteau (voir aussi p. 42), Billy Klüver a minutieusement reconstitué le déroulement de cette journée.

Portrait de Leopold Zborowski, 1917
Pastel sur papier, 31 x 24,9 cm
Troyes, Musée d'Art Moderne

Portrait de Moïse Kisling, 1915
Huile sur toile, 37 x 28 cm
Ceroni 98
Milan, Pinacoteca di Brera

peinture à l'huile, et que son art prit sa véritable identité. Modigliani s'engagea alors sur sa propre voie artistique qui devait l'amener à développer sa vision poétique, mais devait aussi l'éloigner de ses contemporains et lui valoir cette réputation de grand solitaire. Si l'on excepte la série de nus datant de l'année 1917 et quelques paysages, Modigliani se consacra désormais uniquement aux portraits. Parmi ceux-ci, il est bon de distinguer deux groupes : les portraits d'amis, de connaissances, souvent identifiables par la présence du nom, et les portraits de modèles anonymes, relevant de styles divers. Le premier groupe, ayant directement succédé à la phase de sculpture, constitue une véritable chronique du temps de guerre sur le milieu artistique de Montmartre et Montparnasse ; ainsi les premiers vrais « Modigliani », ceux que l'on ne peut confondre avec nul autre, sont dédiés à Jacques Lipchitz et à sa femme Berthe (ill. p. 46), à Max Jacob (1876–1944 ; ill. p. 42), Jean Cocteau (1889–1963 ; ill. p. 49) et Chaïm Soutine (1894–1943 ; ill. p. 47). Des noms indissociables de l'avant-garde parisienne mais aussi de Modigliani qui, grâce à ces relations multiples, y a gagné sa place – et

ILLUSTRATION PAGE 45 :
Portrait de Leopold Zborowski
1918
Huile sur toile
46 x 27 cm
Ceroni 227
Collection particulière

L'écrivain polonais, surnommé « Zbo » par ses amis, vivait depuis 1914 à Paris où il travaillait comme marchand d'art et agent. Sa femme Anna et lui apportèrent tout leur soutien à Modigliani, dont l'état de santé ne cessait de se détériorer. Après sa séparation avec Beatrice Hastings, Modigliani dut quitter l'appartement commun de la rue Norvain, à Montmartre, et fut alors hébergé par les Zborowski qui mirent à sa disposition leur appartement pour lui servir d'atelier.

LIPCHITZ
modigliani

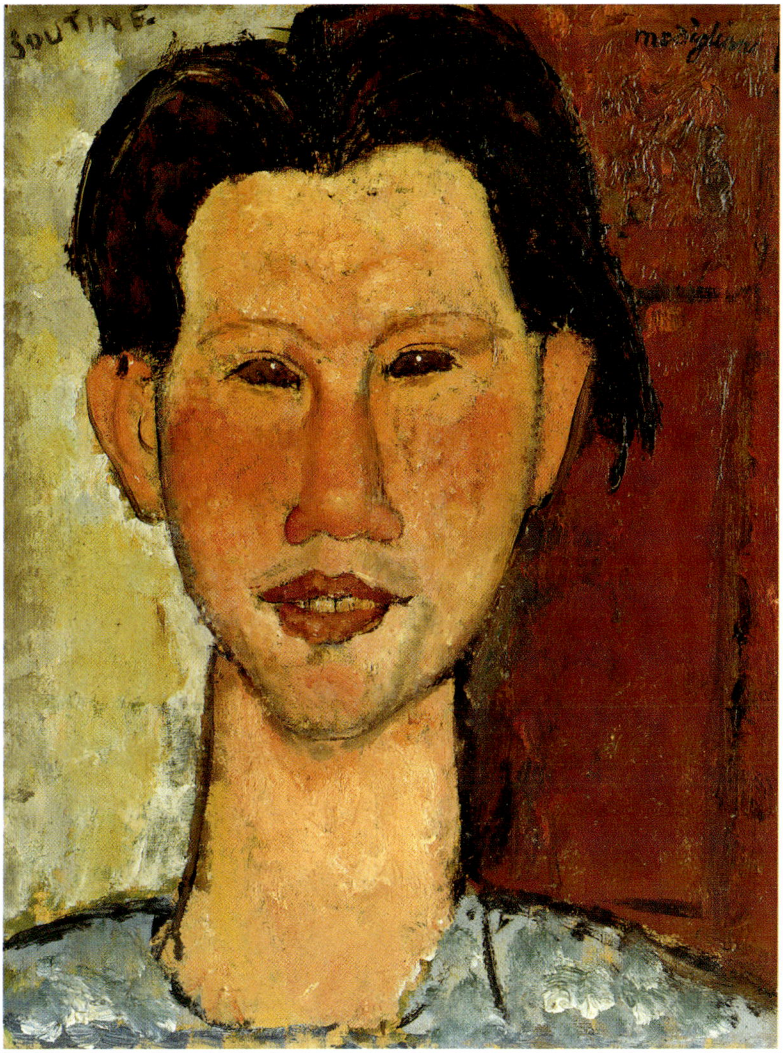

Portrait de Chaïm Soutine, 1915
Huile sur bois, 36 x 27,5 cm
Ceroni 97
Stuttgart, Staatsgalerie

Originaire de Lituanie, le peintre Chaïm Soutine arriva en 1913 à Paris, où il mena une existence des plus modestes et fréquenta les cercles d'autres artistes juifs en exil, comme Chagall, Lipchitz ou Kisling. Soutine, qui ne trouva que vers 1918 un style personnel et expressif, comptait parmi les amis intimes de Modigliani et en était un des plus grands admirateurs.

ILLUSTRATION PAGE 46 :
Portrait de Jacques Lipchitz et son épouse Berthe, 1916
Huile sur toile, 80,2 x 53,5 cm
Ceroni 161
Chicago, IL, The Art Institute of Chicago
Helen Birch Bartlett Memorial Collection
1929.221

ce, malgré une démarche artistique bien personnelle. Cette place bien à part parmi les modernes de l'Ecole de Paris n'a pas peu contribué à la légende de Modigliani. L'écrivain André Salmon (1881–1969), que l'on voit aux côtés de Picasso et Modigliani sur la photo prise en 1916 par Jean Cocteau (ill. p. 43), rédigea plus tard un volumineux roman dans lequel il place Modigliani au centre de la communauté artistique de Montmartre et Montparnasse.

Les premiers tableaux consécutifs à la période de sculpture, tels le portrait du sculpteur Henri Laurens (1885–1954) ou celui de Picasso (1915, ill. p. 43), témoignent d'un pinceau fugitif et d'une pâte légère, contenue. De même que pour les cariatides, la surface de toile n'est pas entièrement recouverte, si bien qu'on en voit par endroits la trame et que le regard est capable de délimiter précisément les zones peintes. Plus tard en revanche, les toiles seront entièrement recouvertes de peinture auxquelles s'ajouteront plusieurs couches de vernis. Ces portraits ont été précédés pour la plupart de dessins

Portrait de Blaise Cendrars, 1918
Huile sur carton, 61 x 50 cm
Ceroni 164
Collection particulière

Moïse Kisling
Portrait de Jean Cocteau, 1916
Huile sur toile, 73 x 60 cm
Genève, Petit Palais, Musée d'Art Moderne

ou esquisses que Modigliani exécutait à la moindre occasion en présence de ses amis ou connaissances; d'autres ont été réalisés d'après modèle ou d'après photo. Pour le couple Lipchitz par exemple, il les fit d'abord poser mais acheva le portrait avec une photo de mariage (ill. p. 46).

Le portrait a perdu au début du XXe siècle la plus grande part de sa fonction représentative à travers, d'une part, le développement de la photographie, de l'autre la recherche par les artistes d'une plus grande autonomie iconique. Modigliani est le seul, classé aujourd'hui parmi les modernes classiques, à avoir abordé l'ancien genre. Certains théoriciens considèrent que le portrait est à l'origine même de la peinture. Si l'on en croit l'une des légendes rapportées par Giorgio Vasari (1511–1574), écrivain d'art de la Renaissance italienne, intitulée «Histoire de la fille de Butades» et restée célèbre jusqu'au XIXe siècle, la peinture serait apparue dans la plus haute antiquité : une jeune fille bouleversée par le départ de son bien-aimé aurait dessiné sur un mur le contour de son ombre, pour conserver au moins la représentation de sa silhouette. Ce mythe est intéressant dans la mesure où il définit la peinture comme un moyen de se remémorer le passé, de revoir l'absent, et finalement, comme fruit de l'amour et instrument de consolation.

ILLUSTRATION PAGE 49 :
Portrait de Jean Cocteau, 1916
Huile sur toile, 100 x 81 cm
Ceroni 106
Princeton, NJ, The Art Museum Princeton University, Lent by the Henry and Rose Pearlman Foundation

Le portrait a donc pour fonction de représenter une personne et de la rappeler au souvenir. Il importe alors qu'il existe une certaine ressemblance entre le portrait et le portraituré, qui peut reposer aussi bien sur des traits physionomiques externes que sur une interprétation symbolique du caractère du modèle. Un portrait révèle autant sur le peintre qui l'a produit que sur la personne représentée, et en tant que tel, peut être défini comme le genre où deux individualités fusionnent pour l'éternité. Ce processus est particulièrement frappant chez Modigliani. Celui-ci a développé au cours des années, un certain nombre de critères stylistiques tels que le trait fortement accusé, la délimitation de surfaces, l'étirement des corps, facteur d'élégance et les yeux en amande placés souvent de façon asymétrique. Cette stylisation schématique de la physionomie s'applique à chaque personne portraiturée ; il n'est pas rare qu'elles soient désignées sur le tableau par leur nom écrit en lettres d'imprimerie. Ce procédé fait partie intégrante du langage iconique de Modigliani et se rattache à la tradition de la légende des portraits de la Renaissance qui désigne le portraituré par son nom et souligne, après le paiement de l'acte du portrait, la distance se réinstaurant entre le peintre et son modèle.

Portrait d'une femme à la cravate noire, 1917
Huile sur toile, 65,4 x 50,5 cm
Ceroni 207
Tokyo, Collection Fujikawa Galleries Inc.

Le regard porté par Modigliani sur ses modèles évoluera au fil de sa période de création. Les portraits du Dr Paul Alexandre et de la baronne de Hasse de Villers (ill. p. 14, 17) datant tous deux de 1909, laissent apparaître le caractère et le rang social des personnes. Sur un portrait plus expressif comme celui du peintre mexicain Diego Rivera (1886–1957 ; ill. p. 42), Modigliani s'est semble-t-il laissé guider par l'apparence massive et le tempérament bouillonnant de son modèle. Dans tous les portraits ultérieurs, la peinture de Modigliani, qui entre-temps est devenue plus lisse, s'attache moins à représenter le caractère de la personne que les détails physionomiques. Concernant le portrait du poète Max Jacob (ill. p. 42) – un de ses amis –, Modigliani a tiré parti de l'aspect plastique de certains traits comme le visage émacié, la bouche étroite et le nez en revanche assez long. Le trait épais entourant chaque organe donne une impression de réduction et souligne l'influence de la peinture cubiste. D'autres portraits des années 1915–1916 présentent une stylisation géométrique analogue qui évoque les arêtes vives de ses têtes sculptées. Sur le tableau *Les époux* (ill. p. 39), le jeu des traits aboutit presque à une caricature des deux protagonistes. Et le portrait de Beatrice Hastings (ill. p. 33) laisse percer dans le dessin effilé de la bouche, du nez et des yeux, un soupçon d'ironie. La poétesse Beatrice Hastings qui fut de 1914 à 1916 la compagne de Modigliani, est représentée ici en *Madam Pompadour*. En faisant appel à la maîtresse la plus célèbre de Louis XV et en la transformant en « Madam » anglaise, il en fait un portrait costumé volontairement humoristique. Il fait subir à l'Anglaise excentrique une caractérisation exagérée et l'affuble d'un chapeau totalement démodé, aussi bourgeois que la vraie Marquise de Pompadour que le roi avait anoblie, à la stupeur de toute la cour de Versailles. Le caractère ludique et officieux de ce portrait n'est que le reflet de la relation intime – et orageuse si l'on en croit les écrits de Beatrice Hastings – qui exista entre le peintre et son modèle. Cette dernière était arrivée à Paris en avril 1914 pour rédiger un article intitulé « Impressions de Paris » et destiné à la revue londonienne « The New Age ». En l'occurrence, il semble qu'on manifestait Outre-Manche autant d'intérêt pour la chronique scandaleuse de la bohème que pour les questions politiques du moment. Beatrice Hastings expédia sous un pseudonyme plusieurs articles, rédigés en style télégraphique, qui témoignent d'une connaissance

ILLUSTRATION PAGE 51 :
Portrait d'Anna Zborowska, 1917
Huile sur toile, 55 x 33 cm
Ceroni 160
Rome, Galleria Nazionale d'Arte Moderna

modigliani
ANNA

Etude pour : ***Portrait de Beatrice Hastings***
1915
Huile sur carton, 69 x 49 cm
Ceroni 77
Milan, Fondazione Antonio Mazzotta

EN HAUT A DROITE :
Tête, 1915
Huile sur carton, 54 x 42,5 cm
Ceroni 50
Paris, Musée National d'Art Moderne
Centre Georges Pompidou

rapprochée du milieu artistique et dans lesquels elle ne cache pas ses sentiments sur Modigliani : « Un caractère difficile. Un porc et une perle. L'ai rencontré en 1914 dans une pâtisserie. J'étais assise en face de lui. Haschich et cognac. Pas particulièrement impressionnée. Ne savais pas, qui c'était. Il paraissait affreux, sauvage, bizarre. L'ai rencontré de nouveau au Café La Rotonde. Il était rasé de frais et paraissait séduisant. Retira sa casquette d'un geste gracieux, rougit et me pria de le suivre pour voir ses œuvres. J'y suis allée. Dans sa poche, il avait toujours un livre. Les Chants de Maldoror de Lautréamont. Le premier tableau représentait Kisling. Il les méprisait tous, sauf Picasso et Max Jacob. Il exécrait Cocteau. N'a jamais rien fait de bien sous l'effet du haschich. »

A travers les portraits de Beatrice Hastings, mais aussi les deux tableaux représentant Max Jacob, le peintre développe une technique de représentation qui repose essentiellement sur un tracé vigoureux faisant ressortir les traits marquants du modèle. Pour Chaïm Soutine (ill. p. 47) ou Moïse Kisling (1891–1953 ; p. 44) en revanche, il adopte un traitement plus pictural. Pour ces deux amis venus d'Europe orientale, Modigliani réduit les indices personnels à la seule impression visuelle, libérée de toute connotation ludique. Dans l'ensemble, on relève chez Modigliani une tendance croissante à la simplification et à la réduction, ce que Max Jacob mettait sur le compte du caractère de l'artiste italien : « Pour Dedo, tout dans l'art devait conduire à la pureté. Cet orgueil à la limite de l'insupportable, cette épouvantable ingratitude, cette arrogance, tout cela n'était que l'expression d'une exigence absolue de pureté cristalline, d'une sincérité sans compromis qu'il s'impo-

Renée, la blonde, 1916
Huile sur toile, 61 x 38 cm
Ceroni 137
São Paulo, Museu de Arte

EN HAUT A GAUCHE :
Lolotte, 1916
Huile sur toile, 55 x 35,5 cm
Ceroni 139
Paris, Musée National d'Art Moderne
Centre Georges Pompidou

sait à lui-même, dans son art comme dans la vie, ce qui n'excluait pas le caractère confidentiel. Il était cassant comme le verre; mais aussi fragile et aussi inhumain, si j'ose dire. Et c'était typique pour l'époque, qui n'avait que ce mot de pureté à la bouche, n'avait rien d'autre à l'esprit.»

Par pureté, Max Jacob entend ce qui apparaît dans les portraits de Modigliani comme le grand art de l'omission. De fait, ses portraits sont presque plus faciles à décrire si l'on s'en tient à ce qu'ils oublient de montrer. L'artiste se concentre sur la physionomie du sujet et omet tout ce qui est éléments narratifs, gestes caractéristiques, attributs décoratifs ou même indicateurs d'un espace réel. A son époque, Modigliani est le seul à s'imposer ce genre d'auto-restriction; dans les siècles précédents inversement, les exemples abondent : dans la Renaissance italienne – source d'inspiration facilement concevable pour Modigliani – mais aussi dans l'Ecole hollandaise avec des noms comme Frans Hals (1581/85–1666) ou Rembrandt (1606–1669). Cette pureté mentionnée par Max Jacob apparaît comme une incursion dans l'intemporel, dans l'éternel, et confère ainsi d'emblée aux portraits de Modigliani leur dimension classique. Comparons à titre d'exemple deux portraits de Jean Cocteau, touche-à-tout de génie révélé par sa collaboration avec les Ballets russes de Diaghilev, réalisés, l'un par Modigliani (ill. p. 49), l'autre par Moïse Kisling (ill. p. 48), lors d'une séance de pose commune dans l'atelier de ce dernier, Rue Joseph-Barra. Kisling représente Cocteau dans le décor réel de la pièce; Modigliani le soustrait à la sphère de la réalité. Le portrait à mi-corps rapproche Cocteau du spectateur et met en évidence ses traits de visage les plus marquants. Il se tient plus droit que sur le portrait de Kisling. Le haut dossier évoque l'idée de trône et souligne l'apparence aristocratique de cet homme âgé alors de 27 ans dont le talent à facettes multiples lui avait ouvert les salons de la Rive droite.

«L'art du dessin chez Modigliani exhale la plus haute élégance. C'était un aristocrate», écrit pour sa part Jean Cocteau à propos de Modigliani – cette phrase ne permet pas vraiment de conclure à l'animosité réciproque qui fut souvent colportée. On peut établir un parallèle entre ces deux artistes inspirés par la bohème, le dandysme et, concernant le dessin, par un goût affirmé pour l'épure du trait; et même parler d'affinité spirituelle si l'on se réfère à la description intuitive livrée par Cocteau à propos de Modigliani : «Le trait curviligne est souvent si fin, si léger qu'il semble n'être qu'un esprit de trait; il ondule avec la souplesse et la grâce d'un chat siamois et ne court jamais le risque de s'épaissir ou de devenir disgracieux. Ce n'est pas Modigliani qui a distordu et allongé les visages, ce n'est pas lui qui en a fait ressortir l'asymétrie, qui leur a crevé un œil, étiré le cou. Tout s'est passé dans son cœur. Et c'est ainsi qu'il nous dessinait aux tables du Café de la Rotonde, ainsi qu'il nous voyait, qu'il nous aimait, nous appréhendait, nous contredisait ou se disputait avec nous. Son dessin était une conversation muette, un dialogue entre son trait et notre être. Et cet arbre, solidement planté sur ses jambes habillées de velours, cet arbre errant, si difficile à déraciner une fois qu'il avait pris racine, parsemait de ses feuilles le sol de Montparnasse. Ses modèles finissaient par tous se ressembler, à la manière des jeunes filles de Renoir. Nous étions tous soumis à sa facture, à un type qu'il portait en lui; et il recherchait les visages qui correspondaient à cette configuration, qu'il exigeait d'un homme ou d'une femme. La ressemblance n'était qu'un prétexte dont il usait pour conforter sa propre conception. Et je ne parle pas d'un modèle physique mais de la dimension mystérieuse de son génie.»

Ce portrait littéraire de Cocteau fait référence de nouveau à la forte stylisation des portraits peints par Modigliani, qui réside avant tout dans une maîtrise du trait tendant à la perfection. Cocteau nous décrit, en passant, la place que Modigliani occupait au sein du milieu artistique parisien. En tant que peintre, on ne peut pas dire qu'il était au premier rang mais il n'en était jamais très éloigné. Il incarnait aussi un personnage que tout le monde connaissait, dont tout le monde voulait avoir son portrait, dont l'art plaisait, même si nul à l'époque n'aurait su dire ce qui en faisait la qualité.

Les premières années de guerre sont pour Modigliani curieusement plus faciles que les années précédentes. On ne peut pas parler du prétendu isolement que nous resservent la plupart des monographies. En 1914, il avait par l'entremise de Max Jacob fait la connaissance d'un jeune marchand d'art, Paul Guillaume, qui avait peu de temps avant le début de la guerre ouvert une galerie Rue du Faubourg Saint Honoré et exposé des artistes alors quasiment inconnus tels Nathalie Gontcharova (1881–1962), Michel Larionov (1881–1964), tous deux d'origine russe, ou encore Giorgio de Chirico (1888–1978) et Francis Picabia (1879–1953). Par l'achat et la revente de tableaux, le soutien de Paul Guillaume se révéla déterminant; il le fit également participer à plusieurs expositions de groupe. En revanche, il ne prit jamais Modigliani sous contrat et ne monta, du vivant de ce dernier, aucune exposition personnelle. Comme De Chirico et Derain, Modigliani a peint plusieurs fois le plus important de ses mécènes. Sur le portrait dit de Milan (ill. p.40), Paul Guillaume apparaît dans une tenue décontractée, la cravate légèrement de travers et le chapeau repoussé en arrière. Sur un autre portrait, qui se trouve à Paris dans une collection privée, apparaissent en bas dans le coin gauche les mots

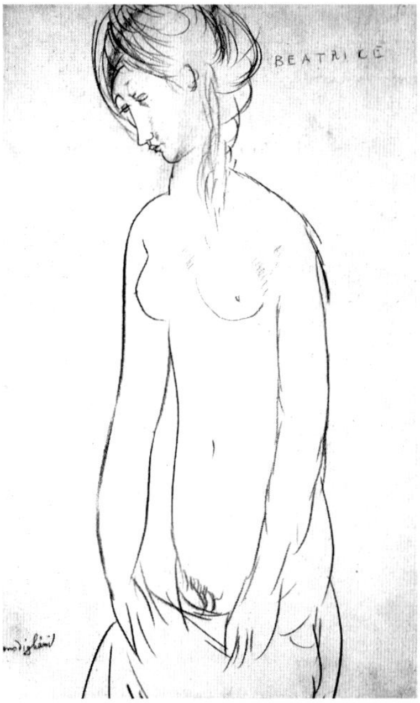

Beatrice, 1915–1916
Fusain sur papier, 55 x 38 cm
Collection particulière

ILLUSTRATION PAGE 55 :
Beatrice Hastings, 1915
Huile sur toile, 81 x 54 cm
Ceroni 81
Collection particulière

1915

modigliani

ILLUSTRATION PAGE 56 :
Jeune fille avec des tresses, 1918
Huile sur toile, 60 x 45,5 cm
Ceroni 243
Nagoya, The Nagoya City Art Museum

NOVO PILOTA, un compliment adressé au mécène éclairé, avec une référence aux pionniers de l'aviation. Paul Guillaume, de par son flair, est à placer aux côtés d'Ambroise Vollard ou de Daniel-Henry Kahnweiler, même s'il ne connut jamais leur renommée – et pour cause, puisqu'il se tira une balle dans la tête en 1934 à l'âge de 43 ans. Bien avant la guerre, sa collection de sculptures africaines avait suscité le plus vif intérêt. Et plus tard, lorsqu'il posséda sa propre galerie, il devint l'un des plus éminents spécialistes de la «Sculpture nègre», auprès duquel par exemple Guillaume Apollinaire constitua son extraordinaire collection de «fétiches océaniens». Même si la relation de Paul Guillaume avec Modigliani n'était pas aussi intime qu'avec certains autres artistes, il contribua largement à le faire connaître aux Etats-Unis; parmi ses relations américaines se comptait notamment le docteur Albert C. Barnes qui, en 1923, fit l'acquisition de nombreuses œuvres de l'Ecole de Paris pour les déposer dans sa collection de Merion près de Philadelphie, éveillant au passage l'intérêt des musées. Ce succès arriva un peu tard puisque Modigliani n'était déjà plus de ce monde et il n'eut pas la chance de Chaïm Soutine qui, grâce aux ventes contractées par Paul Guillaume en Amérique, connut du jour au lendemain la fortune.

Lorsque Modigliani fit la connaissance en 1916 du poète polonais Leopold Zborowski, il se retrouva face au plus fervent admirateur de son art qui se révéla par ailleurs un ami des plus fidèles et des plus compréhensifs. Arrivé à Paris en 1914 pour étudier la littérature, Leopold Zborowski gagnait sa vie en vendant des livres et des gravures. Certes il ne pouvait pas s'appuyer sur les mêmes relations que Paul Guillaume et ne jouissait pas non plus de la même intuition avant-gardiste, mais c'est tout de même lui qui consentit avec l'assentiment de sa femme Anna à des sacrifices financiers pour soutenir Modigliani dans les dernières années de sa vie. Celui-ci, qui a immortalisé le couple sur de nombreux portraits (ill. p. 44, 45), recevait une allocation journalière, en plus de matériel de peinture et de la possibilité d'installer son chevalet dans leur salon. C'est vraisemblablement aussi Zborowski qui engageait des modèles appointés, contribuant par ce biais à la naissance de tous les tableaux de nus que Modigliani réalisa au cours de l'année 1917.

Le deuxième temple de la beauté

Le lundi 3 décembre 1917, Berthe Weill accueillait dans sa galerie ses invités à l'occasion du vernissage d'une exposition consacrée à Modigliani, alors âgé de 33 ans. C'était sa première exposition individuelle, et ce devait d'ailleurs le rester, de son vivant du moins. De nouveau, c'est Leopold Zborowski qui, par son entremise, avait réussi à assurer la présentation d'une trentaine de dessins et de toiles. Il avait joué de persuasion auprès de Berthe Weill, qui passait à l'époque pour une marchande assez engagée ; elle venait d'aménager une nouvelle galerie dans la Rue Taitbout, près de l'Opéra. Par malchance, il se trouvait que la galerie faisait face à un commissariat où l'on eut très vite l'attention attirée par le flot grossissant des visiteurs. Les tableaux n'étaient pas seulement accrochés à l'intérieur de la galerie ; dans la vitrine aussi, on avait placé l'un des nus les plus élégants de Modigliani pour attirer le chaland, provoquant en fait un attroupement de badauds. Il s'ensuivit un mini-scandale qui eut pour résultat l'interdiction pure et simple de l'exposition. Berthe Weill fut convoquée au commissariat. « J'ai traversé la rue sous les applaudissements et les plaisanteries de la foule, et escaladait ainsi les marches du commissariat », relata plus tard Jeanine Warnod dans son livre « La Ruche et Montparnasse ». « Le bureau du commissaire est plein de clochards [...] Je lui demande : Vous m'avez fait demander ? – Oui ! Et je vous ordonne de décrocher toute cette camelote ! Je hasarde une remarque : Certains connaisseurs sont d'un autre avis [...] Mais qu'est-ce qu'ils ont fait de mal ces nus ? – Ces nus ! [...] Ils ont des poils pubiens ! Et il se rengorge, encouragé par les rires approbateurs des pauvres diables qui sont parqués là, poursuivant : Si vous ne vous exécutez pas immédiatement, je fais tout confisquer par mes hommes ! Vous imaginez le tableau [...] : chaque policier avec un des beaux nus de Modigliani dans les bras [...] J'ai fermé la galerie sur-le-champ, et mes invités m'ont aidée à décrocher les tableaux. »

La censure de l'unique exposition individuelle a un arrière-goût bizarre dans la biographie de Modigliani. Il est tout de même curieux que ce soit lui, qui poursuivait inlassablement une beauté et une idéalité héritées de la Renaissance et se tenait à l'écart des excès provocateurs de l'avant-garde, qui soit à l'origine d'un éclat qui, par ailleurs, semble taillé sur mesure pour s'intégrer dans le maquis des légendes collant à la personne de Modigliani. Cet épisode de l'exposition interdite reflète en outre ô combien la dialectique de la peinture de nus de Modigliani. D'une part, les tableaux de ces jeunes femmes méditatives, introverties, ont subi une stylisation qui en fait des êtres d'essence divine car, comme l'écrit l'écrivain d'art Giovanni Scheiwiller, se symbolise en elles « une communion spirituelle totale entre

Nu debout, 1916
Mine de plomb
Collection particulière

ILLUSTRATION PAGE 58 :
Nu assis, 1916
Huile sur toile, 92,4 x 59,8 cm
Ceroni 127
Londres, Courtauld Institute Galleries, Samuel Courtauld Collection

Jeune femme rousse en chemise, 1918
Huile sur toile, 100 x 65 cm
Ceroni 265
Collection particulière

le peintre et sa création, dont il fait un modèle». D'autre part, l'image d'homme à femmes et de bohémien qui colle à la peau de Modigliani fut favorisée par sa façon de représenter le corps féminin. Le fantasme selon lequel Modigliani n'aurait pas fait que peindre ses modèles, se transforma en une sorte de leitmotiv qui fut ultérieurement largement exploité dans les romans et les films. Dans le roman d'André Salmon par exemple, on trouve des descriptions assez croustillantes, souvent mêlées à l'humour bien particulier de l'auteur. Ainsi, il invente une scène pendant laquelle Modigliani contemple l'un de ses modèles en train de se dévêtir, et à chaque pièce de vêtement retirée, à chaque pose adoptée par la jeune femme, il lui vient à

ILLUSTRATION PAGE 60 EN HAUT A DROITE :
Sandro Botticelli
La naissance de Vénus (détail), 1482
Tempera sur toile, 172 x 278 cm
Florence, Galleria degli Uffizi

ILLUSTRATION PAGE 60 EN BAS A DROITE :
Nu debout (Vénus), 1917
Huile sur toile, 100 x 65 cm
Ceroni 189
Collection particulière

Les nus de Modigliani s'inspirent souvent de modèles empruntés à l'histoire de l'art. Dépourvu ici de son contexte mythologique, le corps féminin se révèle libre et érotique, ce qui conduisit en 1917 à l'interdiction d'une exposition des nus de Modigliani.

Nu assis au collier, 1917
Huile sur toile, 92 x 60 cm
Ceroni 187
Collection particulière

l'esprit un sujet peint par l'un de ses glorieux prédécesseurs. La ronde imaginaire de grands maîtres tels Edgar Degas (1834–1917), Pierre Bonnard (1867–1947) ou Auguste Renoir (1841–1919) lui donne autant le frisson que le spectacle qu'il a devant les yeux, et il décide qu'il doit d'abord l'aimer avant de pouvoir s'exprimer devant le chevalet. Contrairement à certains passages du livre plutôt lassants, Salmon établit ici très subtilement un parallèle entre le regard de l'homme Modigliani et celui de l'artiste. Il aborde par le biais anecdotique l'un des aspects de la peinture de nu qui établit un rapport aléatoire entre le sujet dénudé et la représentation rendue par l'artiste.

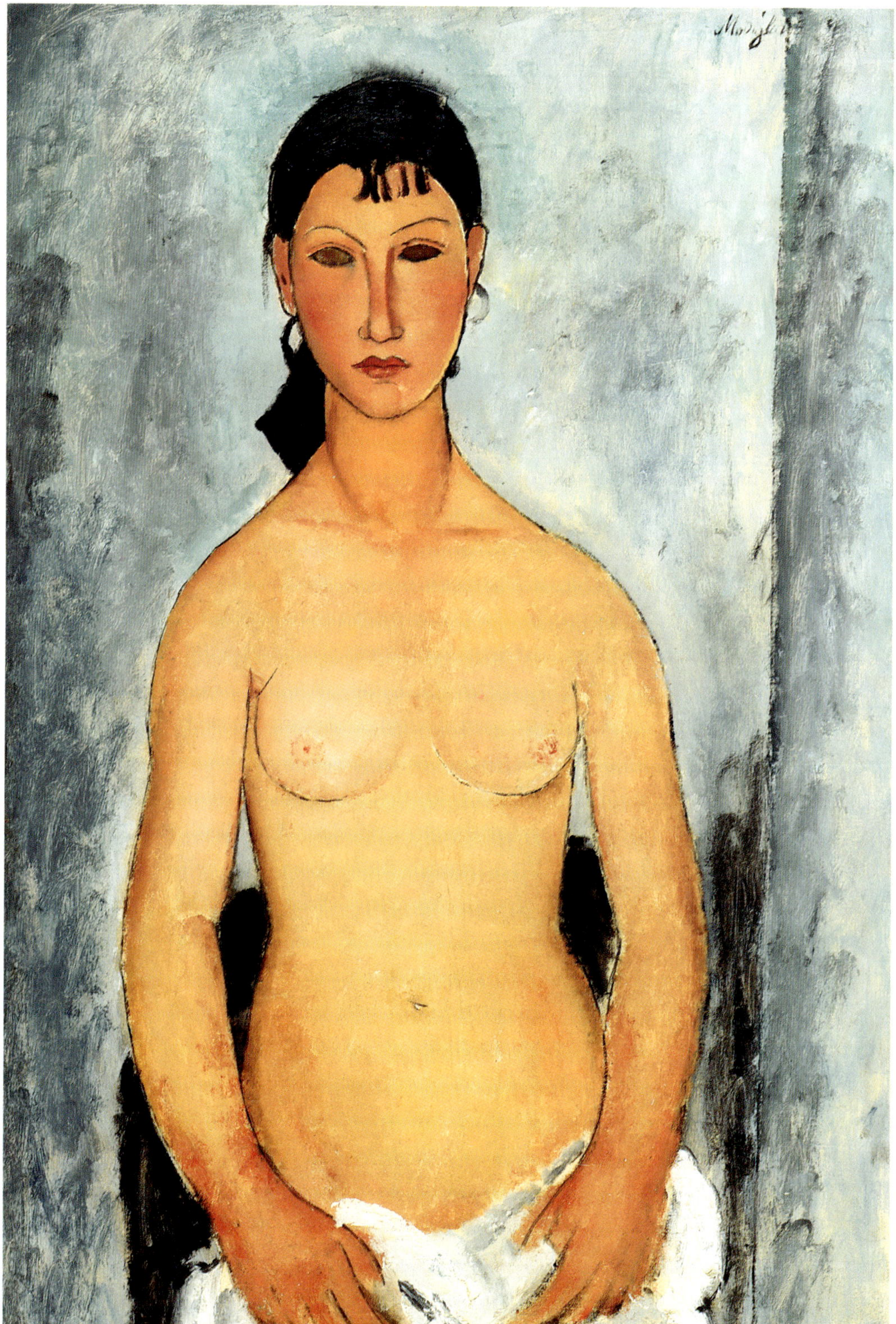

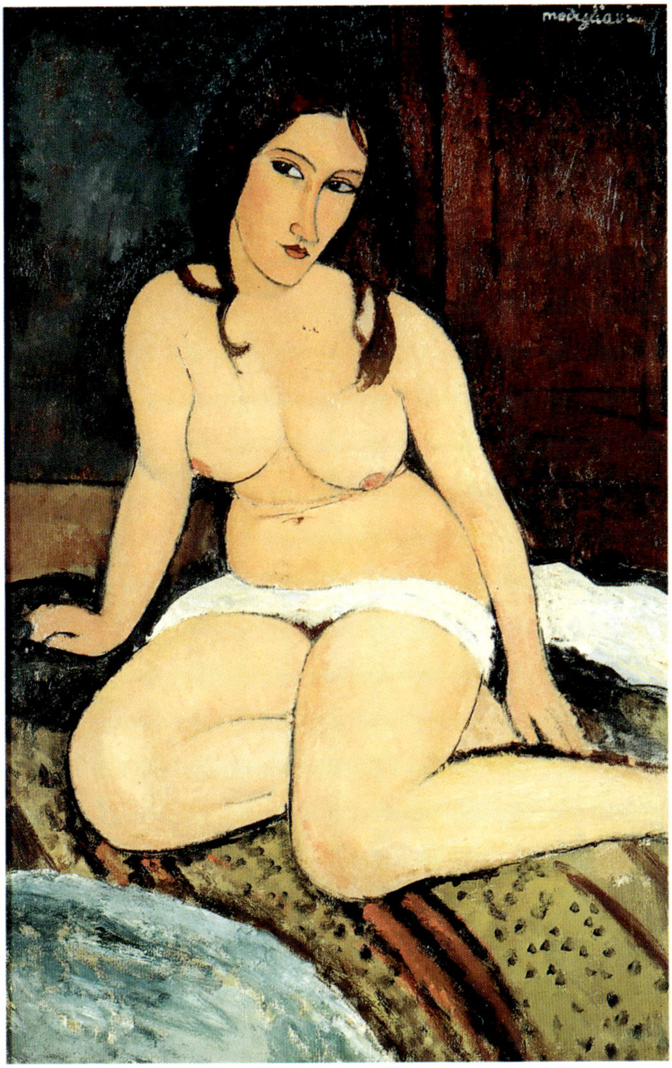

Nu assis, 1917
Huile sur toile, 73 x 116 cm
Ceroni 188
Anvers, Koninklijk Museum voor Schone Kunsten

ILLUSTRATION PAGE 62 :
Nu debout – Elvira, 1918
Huile sur toile, 92 x 60 cm
Ceroni 272
Berne, Kunstmuseum, Donation Walter et Gertrud Hadorn

Dans le cas de Modigliani, on a affaire à un phénomène plus complexe qu'on ne pourrait le croire au premier coup d'œil. Ses nus renferment tout entière l'idée et sa transposition qu'on ne peut absolument pas séparer les conditions de la création, le contexte contemporain et la réception ultérieure de l'œuvre par le public, et ceci de nouveau est très lié à l'image que l'on s'est forgée de l'être humain Modigliani, de son caractère, de sa moralité et de son mode de vie. Il ne s'agit bien sûr nullement de juger l'œuvre d'après la moralité de l'artiste. Et justement dans le cas de Modigliani, on a toujours attiré l'attention sur le fait que sa vie de pauvreté, de maladie, d'ivrognerie, de consommation de drogue et d'affaires sentimentales tumultueuses, n'auraient finalement rien à voir, vraiment rien, avec son œuvre. Et pourtant, la légende Modigliani a toujours suscité autant d'intérêt si ce n'est plus, que ses tableaux. Vraisemblablement, c'est la contradiction existant entre une vie débridée et une œuvre au contraire mesurée, formalisée à l'excès, qui a éveillé un intérêt croissant pour Modigliani à travers ce siècle. Le regard porté sur ses œuvres n'est pas exempt d'arrière-pensées, et peut-être ne le fut-il jamais. Le personnage Modigliani, qu'on le veuille ou non, a contribué à la naissance de points de vue bien déterminés sur ses œuvres. Et concernant les nus, il est frappant de constater combien ces points de vue divergent.

L'analyse des tableaux de nus de Modigliani ne laisse apparemment le choix qu'entre deux extrêmes. Les uns y voient un mystère, l'expression de la pureté, y découvrent la révélation de « la douloureuse fragilité de l'être humain » pour citer de nouveau Giovanni Scheiwiller ; les autres y voient le témoignage tardif d'une vision sophistiquée et maniérée du corps humain et à ce titre les rejettent, y voient un ultime avatar de la Belle Epoque et de son culte morbide de la femme en tant que « femme fatale » ou « femme fragile ». Ces deux analyses cohabitent comme deux fils rouges dans toute la littérature consacrée à Modigliani ; aucune n'est cependant à même d'expliquer la réaction du commissaire de la Rue Taitbout répondant sans détour à Berthe Weill : « Ils ont des poils pubiens ! » A première vue bien sûr, cette réponse peut apparaître comme dictée par une pruderie de bon aloi, et pourtant c'est peut-être elle qui va nous donner accès à la compréhension des nus de Modigliani. Sa conception du nu, bien personnelle, combine en effet un sujet des plus traditionnels avec une vision du corps féminin spécifiquement moderne, car libérée de toute pruderie. La réponse du commissaire recouvre même une importante indication historique autant sur la conception du nu que l'on avait à cette époque que sur la façon très spéciale de Modigliani de l'aborder. Cette réponse, en outre, dénonce clairement la transgression de la règle dont Modigliani s'est rendu coupable. Pour terminer, la réponse du commissaire renvoie, et là réside toute son importance, à la nuance non négligeable qui existe entre « nu » au sens artistique et « nudité ».

Nu agenouillé, 1911–1912
Pastel gras sur papier, 43 x 26,5 cm
Collection particulière

La représentation du corps humain, débarrassé de toute connotation allégorique ou littéraire, n'est devenue un genre à part entière que grâce à la tradition académique. Depuis son apparition au XVIIe siècle, le dessin de nu était intégré dans toutes les académies d'Europe à un programme d'études en trois plans. Tout étudiant en art devait se soumettre à l'étude intensive du dessin qui commençait dans un premier temps par la copie d'œuvres iconiques antiques selon un critère bidimensionnel. La deuxième phase consistait à copier des œuvres plastiques, c'est-à-dire des œuvres en trois dimensions, et ce n'est qu'ensuite qu'il avait accès au dessin d'après modèle vivant, car la représentation du corps humain passait pour la tâche la plus ardue et la plus noble qui fût pour un artiste. A ce propos, on s'en tenait dans les salles de nu à un canon des plus sévères, quant au choix des poses et des postures. Le nu est donc une invention typique de l'académie qui obéit à des règles formelles rigides. Il ne faut pas s'étonner que ce modèle standardisé ait donné lieu dans l'histoire de l'art à un certain nombre de rébellions. Dès qu'un peintre se hasardait à enfreindre le canon, lorsqu'il essayait d'introduire une parcelle de réalisme dans ses toiles, il était voué aux gémonies. Lorsque la personne reproduite n'avait plus rien d'une Vénus, mais était simplement le portrait d'une dame de la cour connue de tous, comme la *Maja desnuda* (ill. p. 68) de Francisco de Goya (1746–1828) ; lorsque la nudité surgissait soudain en dehors de tout contexte littéraire ou allégorique et que par-dessus le marché, elle avait l'impudence de dévisager le spectateur, comme l'*Olympia* de Manet (ill. p. 69), le public se sentait dérangé dans ses habitudes visuelles et, plus grave encore, outragé dans son sens moral.

ILLUSTRATION PAGE 65 :
Nu assis sur un divan, 1917
Huile sur toile, 100 x 65 cm
Ceroni 192
Collection particulière

modigliani

De telles réactions sont à mettre au compte évidemment de principes moraux en vigueur à un moment donné, et sont soumises aux fluctuations historiques observées aussi dans ce domaine. Le commissaire de police de la Rue Taitbout nous renseigne par son interdiction sur la conception que l'on se faisait en 1917 d'un nu académique. Sa référence aux poils pubiens peints par Modigliani désigne en fait cette parcelle de réalisme qui, sur un nu académique, est ignorée et le conduit à trouver la nudité dans ce tableau (de façon péjorative). Par ailleurs, il est possible qu'il ait été frappé par un autre aspect qui distinguait radicalement les portraits de Modigliani d'un nu académique, à savoir la pose ou la position qu'il faisait prendre à ses modèles. Rien de ce que l'académie entend par peinture de nu ne se retrouve chez Modigliani, ni dans les proportions, ni dans l'anatomie, ni dans le mouvement.

Nu au collier, 1917
Huile sur toile, 64,4 x 99,4 cm
Ceroni 185
Oberlin, OH, Allen Memorial Art Museum, Oberlin College, Donation Joseph et Enid Bissett

Giorgione
Vénus couchée, vers 1508
Huile sur toile, 108 x 175 cm
Dresde, Gemäldegalerie

CI-DESSOUS :
Le Titien
La Vénus d'Urbino, vers 1538
Huile sur toile, 118 x 167 cm
Florence, Galleria degli Uffizi

Lorsque Modigliani peignait ses nus, la critique des artistes relative à l'enseignement de l'académie concernant la reproduction du corps, venait de connaître un de ses points culminants. Quelques années auparavant, le futuriste Umberto Boccioni (1882–1916) proclamait : « Nous luttons : contre le nu en peinture, aussi nauséeux et assommant que l'adultère en littérature. » Il ne fut pas le seul au tournant du siècle à s'insurger contre le modèle académique, et ceci montre que les artistes en avaient plus qu'assez de représenter leurs sujets dans des poses convenues, manquant totalement de naturel, et qu'ils aspiraient à une réforme fondamentale du portrait humain, à un art basé justement sur le naturel, sur la vitalité et sur l'expression subjective. Lorsque les artistes allemands du groupe « Die Brücke », fondé en 1905 à Dresde, se rendaient avec leurs modèles sur les rives des lacs de la région de Moritzburg, afin de peindre en pleine nature, ils exprimaient une

Francisco de Goya
Maja desnuda, vers 1800
Huile sur toile, 97 x 190 cm
Madrid, Museo del Prado

EN HAUT :
Nu dormant, les bras ouverts (Le nu rouge)
1917
Huile sur toile, 60 x 92 cm
Ceroni 198
Milan, Collection Gianni Mattioli

conception de l'art plus proche de la vie réelle, qui avait eu Gauguin pour précurseur. Lorsque Cézanne, et à sa suite Matisse et Picasso, abordent le thème des baigneurs et représentent le nu en accord avec l'environnement naturel, ils ne font que formuler l'utopie d'une liberté corporelle, qui ne pourrait mieux se traduire que par le titre de l'une des toiles de Matisse, *Luxe, calme et volupté*.

Concernant le manque d'académisme des nus de Modigliani, le cas est un peu différent. Si les mots de luxe, calme et volupté peuvent leur être appliqués, sur le plan formel, en revanche, Modigliani s'en tient plus à une tradition historique que ses contemporains français ou allemands. En premier lieu par la façon de peindre, mais aussi par la composition, ils sont à rapprocher des maîtres de la Renaissance italienne, de Botticelli (1445–1510), du Titien (1488/90–1576) ou de Giorgione (1477/78–1510; cf. ill. p. 60, 67). Ce faisant, Modigliani remonte à un chapitre de l'histoire de l'art antérieur à l'académisme, à une époque où une Vénus ou une Danaé dénudée, pour ne citer que les modèles les plus célèbres, n'étaient pas représentées selon un canon imposé, mais avant tout selon une iconographie historiquement fondée et selon l'inspiration des artistes.

Modigliani, qui n'avait jamais été inscrit dans une académie nationale, abordait la représentation du corps humain plus avec un regard formé à l'histoire de l'art qu'avec une conception forgée d'académisme. S'il est vraisemblable qu'on lui ait inculqué à Florence et Venise les critères académiques du dessin de nu, on peut en déduire qu'il a été familiarisé à l'Académie Colarossi, où il suivit des cours en 1906 et 1907, avec des principes nouveaux de

l'étude de nu. L'Académie Colarossi à Paris compte parmi ces écoles privées aux côtés de la célèbre Académie Julian, fondées à la fin du siècle dernier en réaction contre les institutions étatiques. Leur position privilégiée venait du fait qu'elles accueillaient volontiers aussi les très nombreux artistes étrangers résidant à Paris. Les cours étaient surtout l'occasion pour les étudiants d'avoir à leur disposition des modèles qui avaient toute latitude dans le choix de leurs poses. Contrairement à ce qui se passait dans les académies officielles, on essayait d'obtenir une expression moins figée du nu. Au lieu de s'échiner des heures durant sur la même pose, on pratiquait à l'Académie Colarossi les soi-disant «nus d'un quart d'heure», où il s'agissait en fait d'esquisser le corps dans la position adoptée le plus vite possible. Des premières années parisiennes de Modigliani ont été conservés de nombreux dessins de nus qui prouvent bien qu'il a fréquenté assidûment ces cours. Le trait, très sûr, laisse déjà deviner la virtuosité dont il fera preuve plus tard. Les compositions denses de l'année 1917 ont perdu toutefois de cette mobilité et de cette spontanéité qu'on trouvait dans ces premiers dessins. On observe sur les portraits de nus féminins la même tendance à la stylisation ornementale que sur les autres portraits. C'est à nouveau le dessin suggestif de lignes doucement incurvées qui délimitent la silhouette du sujet de la surface environnante et donnent à ses peintures ce caractère d'élégance et de finesse incomparable. On observe également une propension appuyée à la réduction et à l'abstraction. Mis à part un ou deux éléments sommaires de l'environnement où se trouve le modèle, tels par exemple la vague indication d'un sofa, d'un coussin ou d'un drap blanc, rien n'est ajouté qui pourrait détourner le regard

Edouard Manet
Olympia, 1863
Huile sur toile, 130,5 x 190 cm
Paris, Musée d'Orsay

EN HAUT :
Nu sur un coussin bleu, 1917
Huile sur toile, 65,4 x 100,9 cm
Ceroni 146
Washington, DC, National Gallery of Art
Chester Dale Collection, © 1996
Board of Trustees, National Gallery of Art, Washington

de ces jeunes corps. L'utilisation parcimonieuse de la couleur – on retrouve la plupart du temps cette curieuse carnation couleur abricot contrastant avec une ou deux autres teintes – est bien la preuve qu'il voulait se concentrer sur le formel. Les formes pour le moins altérées des corps peuvent ainsi prendre possession de tout l'espace disponible et déployer tous leurs effets. Les figures féminines se présentent au spectateur, sont placées parfois de telle manière qu'elles semblent se pencher pour venir à sa rencontre ; les unes recherchent même le contact des regards, les autres ont les yeux fermés, comme si elles dormaient. Ces nus n'intéressent que par leur nudité, leur volupté, leur érotisme, leur beauté ; et en cela, ils diffèrent radicalement d'un nu académique. Modigliani ne cherche pas non plus à reproduire le naturel et la vie, comme la plupart de ses contemporains. La stylisation apporte à ses tableaux beaucoup plus de grâce, d'élégance, et un haut degré de sophistication. Le traitement du nu par Modigliani revêt un caractère éminemment hermétique. Si on le compare encore une fois à ses confrères, on note à nouveau la distance qui le sépare des courants de son époque. Par contre, si l'on pense que nous sommes en 1917 et que les ravages de la guerre sont particulièrement sensibles à travers le retour des blessés par exemple, si l'on se rappelle que Modigliani lui-même connaissait déjà la déchéance physique, alors on comprendra que ce défilé de corps rosés, intacts relevait d'une volonté d'échapper à la réalité environnante. La peinture de nu est le prétexte pour Modigliani à inventer un idéal, tout en poursuivant sa quête utopique d'une beauté et d'une harmonie intemporelles. Cette idéalisation orientée vers le passé rapproche une fois encore Modigliani des Symbolistes et des Préraphaélites. L'aspect symbolique des nus de Modigliani se manifeste dans leur seule

Moïse Kisling
Nu sur un divan rouge, 1918
Huile sur toile, 60 x 73 cm
Genève, Petit Palais, Musée d'Art Moderne

Nu allongé, le bras gauche sur le front, 1917
Huile sur toile, 65 x 100 cm
Ceroni 194
New York, NY, Collection Richard S. Zeiler

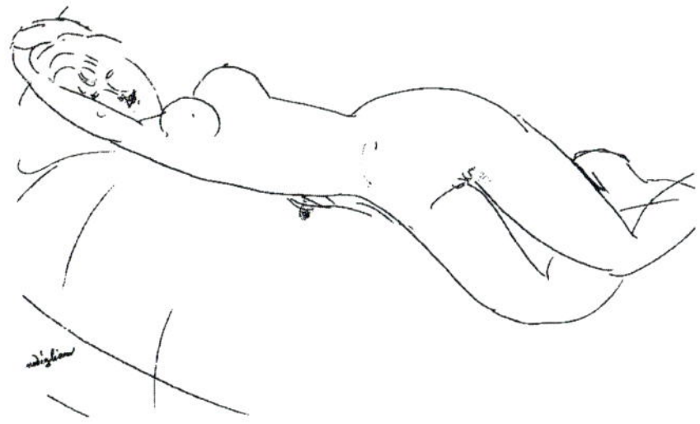

Nu dormant, 1916
Mine de plomb sur papier
Collection particulière

Nu au collier, 1917
Huile sur toile, 73 x 116 cm
Ceroni 186
New York, NY, Solomon R. Guggenheim Museum

Les nus allongés de Modigliani révèlent certes une beauté et une sensualité troublantes, mais aussi un caractère précieux et distant. L'observateur a l'impression ici de se trouver directement face au modèle.

présence corporelle. L'existence de ses corps dans un espace sans caractères distinctifs particuliers est l'unique thème du tableau.

Ainsi donc, malgré un certain caractère concupiscent, les nus de Modigliani ont aussi quelque chose de sculptural. Et même lorsque les femmes représentées jouent les coquettes, rappelant parfois ces photographies érotiques qui étaient en vogue à l'époque, leur sensualité ne prend jamais le dessus, elle reste toujours contenue et teintée de mélancolie. Les nus de Modigliani sont des représentations d'art, dont la beauté exhale une gravité et une froideur de marbre. Par cette série de nus, Modigliani érige en quelque sorte un deuxième temple à la beauté, car ces peintures manifestent la même noblesse contenue que ses sculptures et le canon de beauté est supporté par la même transfiguration poétique. Sous le regard lyrique de Modigliani, les modèles se transforment en figures vénusiennes modernes, dans lesquelles se défient la spiritualité et une représentation libre.

Après l'année 1917, Modigliani ne s'intéresse plus au nu que de façon très sporadique. *Elvira* (ill. p. 62), peint en 1919 dans le sud de la France, présente l'éclaircissement des couleurs que l'on retrouve dans tous les tableaux peints à cette période. La position frontale du modèle en position debout démontre une fois de plus le caractère sculptural de la peinture de Modigliani. Le fait de se limiter à la silhouette et la composition picturale des surfaces réduit la représentation de la personne au spectacle de son existence, qui gagne ainsi en permanence. Vers la fin de sa vie, Modigliani aboutit dans nombre de ses tableaux à cette expression supra-individuelle, qui se manifeste surtout dans les portraits de modèles anonymes peints dans le Midi. La stylisation de l'image humaine atteint ici à son plus haut degré.

modigliani

Un oui muet à la vie

En 1918, la guerre durait déjà depuis quatre ans. L'approvisionnement alimentaire était aléatoire, le gaz et l'électricité étaient rationnés, et les Parisiens faisaient l'apprentissage de la terreur des attaques aériennes. Le 30 janvier, une escadrille de chasse allemande bombardait Paris, provoquant des dégâts sans précédent. En mars, les avions menaçaient la capitale française par le nord ; les explosions firent de nombreuses victimes parmi la population civile, et on craignait l'entrée de l'ennemi dans la capitale. On prit des mesures d'évacuation et en avril, un demi-million de personnes se retrouvèrent sur les routes menant vers le Sud, espérant y trouver la sécurité.

Modigliani aussi quitta Paris au printemps 1918. Il prit aussi le chemin du Midi, en compagnie du couple Zborowski, de son ami Chaïm Soutine et de sa nouvelle compagne, Jeanne Hébuterne. Il devait s'écouler plus d'une année avant qu'il ne regagne Paris, pour y passer les derniers mois de son existence. Durant cette année de désordre et les premiers mois de l'après-guerre, Modigliani se mit à peindre comme un possédé. Dans la luminosité de la Côte d'Azur, il créa la plupart des tableaux qui atteignirent plus tard la plus grande notoriété et les prix les plus élevés. On y trouve des portraits de vigoureux jeunes paysans, de fragiles femmes de chambre, de ravissants enfants, de vieillards, de femmes du monde et d'hommes bien mis, mais avant tout et surtout, de Jeanne Hébuterne, que Modigliani peindra au cours des deux dernières années de sa vie pas moins de 25 fois.

Les tableaux peints dans le midi de la France montrent des personnes qui étaient toutes disposées à servir de modèles. L'anonymat de la plupart d'entre elles met en exergue sa recherche d'un type et d'une généralité, qui distingue ce groupe des portraits peints les années précédentes à Paris. Le *Jeune Paysan* (ill. p. 86) ne constitue plus du tout le portrait d'un individu précis, représenté avec ses caractéristiques distinctives, mais l'incarnation d'un type de jeune paysan. La preuve en est non seulement l'oubli volontaire de tout détail anecdotique en rapport avec sa vie personnelle, mais aussi le vieillissement de son visage à l'ancienne. Alors que Modigliani, dans ses portraits parisiens, avait une approche quasi caricaturale des physionomies, dans le cas présent, tout repose sur un gommage des caractères individuels et sur la recherche d'un archétype. La couleur bleu pâle des yeux, ouverts, s'harmonise avec les autres couleurs du tableau, dont il émane une quiétude et une sobriété bienfaisantes.

Modigliani ne s'est jamais trouvé si proche de son inspirateur Cézanne que pendant cette année. Il est possible qu'il ait voulu prolonger cette proximité géographique avec le maître d'Aix-en-Provence par un rapprochement

Buste de jeune fille (Jeanne Hébuterne)
1919
Mine de plomb sur papier, 34,4 x 28 cm
Bâle, Öffentliche Kunstsammlung
Kupferstichkabinett

ILLUSTRATION PAGES 72–73 :
Nu allongé, 1917
Huile sur toile, 60 x 92 cm
Ceroni 196
Stuttgart, Staatsgalerie

ILLUSTRATION PAGE 74 :
Portrait de Lunia Czechowska, 1919
Huile sur toile, 46 x 33 cm
Ceroni 320
Collection particulière

ILLUSTRATION PAGE 77 :
Portrait de Jeanne Hébuterne, 1919
Huile sur toile 55 x 38 cm
Ceroni 223
Collection particulière

Jeanne Hébuterne déguisée en Russe pour le carnaval, 1917

ILLUSTRATION PAGE 78 :
Jeanne Hébuterne – La femme de l'artiste
1918
Huile sur toile, 100 x 65 cm
Ceroni 219
Pasadena, CA, Norton Simon Art Foundation

Le portrait montre l'étudiante des beaux-arts, Jeanne Hébuterne, dont Modigliani avait fait la connaissance en avril 1917 et qui sera la mère de la petite fille née à Nice en 1918. Modigliani réalisa au moins 25 portraits de sa compagne ; ceux effectués dans le sud de la France frappent par un chromatisme accru.

ILLUSTRATION PAGE 79 :
Jeanne Hébuterne en pull-over jaune
1918–1919
Huile sur toile, 100 x 64,7 cm
Ceroni 220
New York, NY, Solomon R. Guggenheim Museum

thématique. Pourtant, si l'on regarde la pâte et la composition de ces tableaux, ils ne présentent guère de points communs avec ceux de Cézanne. Comme par le passé, les portraits de Modigliani ont tous le dessin pour point de départ. Même dans le cas des tableaux de jeunes paysans, et en dépit de leur dimension pittoresque et de leur aspect de fresque, c'est de nouveau l'harmonie des contours incurvés qui sert de point de départ au tableau. Par le motif cependant, les tableaux de Modigliani doivent beaucoup à Cézanne. Ils apportent la preuve de l'estime que Modigliani nourrissait pour ce dernier; on dit même que depuis sa visite de la grande rétrospective Cézanne qui avait eu lieu en 1907 à Paris, il emportait constamment avec lui une reproduction du tableau *Le Garçon au gilet rouge* et l'exhibait chaque fois que le nom de Cézanne était prononcé et le couvrait de baisers. Modigliani était parfaitement conscient de cette affinité avec Cézanne. A ce propos, il aurait dit un jour à Chaïm Soutine : «Les figures de Cézanne n'ont pas de regard, comme les plus belles statues antiques. Les miennes en revanche en ont un. Elles voient, même quand les pupilles ne sont pas dessinées; mais comme chez Cézanne, elles ne veulent exprimer rien d'autre qu'un oui muet à la vie.»

La «grande galerie des humains», selon l'écrivain russe Ilya Ehrenbourg pour désigner l'œuvre de Modigliani, serait dès lors un hommage à la vie humaine. C'est peut-être forcer le côté pathétique. Toujours est-il que la façon dont Modigliani s'est consacré presque exclusivement au portrait, de même que cette propension à ne représenter que les humains, soulèvent la question fondamentale qui est l'enjeu de sa peinture. De quoi traite-t-elle exactement, que font les êtres sur les tableaux, et quelle image de l'homme se cache donc derrière tout cela?

Récemment, on a publié en même temps que les quelque 400 dessins de la collection Alexandre, des notes prises par Modigliani en 1907 dans un album de croquis. Sur une page par ailleurs vide, on peut lire : «Ce que je cherche, ce n'est pas le réel, ni l'irréel, mais l'inconscient, le mystère de l'instinct de la race.» Noël Alexandre, le fils de l'ami et bienfaiteur de Modigliani, avait vu dans cette phrase le credo artistique de Modigliani. Son art, centré exclusivement sur l'image humaine, vise donc à créer un univers qui se situerait au-delà du réalisme et du symbolisme. Les mots «inconscient» et «instinct» apparaissent comme les concepts clés de deux courants intellectuels qui, au début du XXe siècle, ont représenté un changement fondamental dans l'appréhension de l'homme : ce sont, d'une part, la psychanalyse de Sigmund Freud, et d'autre part, la philosophie de Friedrich Nietzsche.

L'un des promoteurs les plus célèbres de cette pensée est le philosophe Henri Bergson qui, d'après les témoins visuels, comptait parmi les lectures préférées de Modigliani. Dans son œuvre majeure, il oppose à la vision rationaliste et déterministe de la vie, le concept vitaliste et dynamique de l'«élan vital» qui, et c'est une première dans l'histoire de la philosophie, repose non sur des catégories objectives prédéterminées, mais sur l'expérience subjective de l'homme. Dans sa vision optimiste, le bergsonisme proclame que l'homme est l'artisan de sa propre vie. L'expérience du moi au cours du temps surpasse toutes les prémisses de la raison. Cette philosophie engendra une approche totalement inédite de l'être humain et de l'existence, qui exerça sur de nombreux artistes une influence considérable. Et le concept bergsonien de durée, qui fonde la perception humaine du temps sur les théories mathématiques traditionnelles, ou son exposé sur l'«attente

modigliani

modigliani

Portrait de Jeanne Hébuterne, 1917
Mine de plomb sur papier

EN HAUT A DROITE :
Portrait d'une jeune femme au chapeau (Jeanne Hébuterne avec un grand chapeau)
1917
Huile sur toile, 55 x 38 cm
Ceroni 180
Collection particulière

ILLUSTRATION PAGE 80 :
Jeanne Hébuterne, 1919
Huile sur toile, 130 x 81 cm
Ceroni 335
Los Angeles, CA, Collection Mr. and Mrs. Sydney F. Brody

créatrice », durant laquelle l'évolution du moi s'accomplit, n'ont, semble-t-il, pas épargné Modigliani non plus. « L'instinctif », qui s'oppose chez Bergson à la conscience rationnelle, et le « oui muet à la vie », que Modigliani mentionne en présence de Soutine, constituent ici un premier indice. Il se manifeste dans ses figures supra-individuelles à travers la dissolution de toutes catégories ou actions extérieures. Leur activité même ne peut mieux se définir que par le mot « attente ». Ses personnages, assis, retournés sur eux-mêmes, les mains croisées sur les genoux, le regard incliné vers la droite ou la gauche, ont le temps avec eux, incarnent la durée et sont entièrement avec eux-mêmes.

Sur le plan stylistique, Modigliani adopte dans le sud de la France une coloration plus claire. Le coup de pinceau devient aussi plus léger et la surface du tableau, moins lisse qu'auparavant. Sur la Côte d'Azur, Modigliani s'essaya de nouveau à la peinture paysagiste, genre qu'il n'avait plus abordé depuis ses jeunes années. Il en ressortit quelques tableaux représentant des paysages typiques de cette contrée (ill. p. 84, 85). La comparaison avec Paul Cézanne revient à l'esprit, même si elle se limite en réalité au motif provençal

Le zouave, 1918
Huile sur toile, 63 x 48,3 cm
Ceroni 263
Collection particulière

Vincent Van Gogh
Portrait de Milliet, sous-lieutenant des zouaves, 1888
Huile sur toile, 60 x 49 cm
Otterlo, Rijksmuseum Kröller-Müller

et à la coloration. Par le traitement pictural et la juxtaposition de formes légèrement arrondies et d'éléments statiques, ces paysages sont plus à rapprocher des œuvres de Derain.

On ne possède aucun document écrit sur cette année passée dans le sud de la France et ses contemporains, d'ordinaire si loquaces, ne pouvaient s'en tenir qu'à ce que la légende avait bien voulu transmettre. Selon toute vraisemblance, Modigliani aurait d'abord séjourné dans un hôtel à Cagnes-sur-Mer, pour déménager plus tard à Nice. C'est là que, le 29 novembre 1918, Jeanne Hébuterne mit une fille au monde, qui reçut le même prénom que sa mère. Un document daté du 7 juillet 1919 atteste que Modigliani avait promis le mariage à sa compagne, « dès que les papiers seront arrivés ». Le destin ne lui accorda pas le temps de remplir sa promesse, et la petite Jeanne Modigliani fut, après la mort de ses parents en janvier 1920, recueillie et élevée par la sœur de Modigliani à Florence. Jeanne Modigliani, décédée en 1984, devint

ILLUSTRATION PAGE 83 :
Homme à la pipe (Le notaire de Nice), 1918
Huile sur toile, 92 x 60 cm
Ceroni 288
Collection particulière

Arbres et maison, 1918–1919
Huile sur toile, 55 x 46 cm
Ceroni 290
Collection particulière

Au printemps 1918, fuyant les menaces de la guerre, Modigliani quitte Paris et va vivre un an dans le sud de la France, sur la Côte d'Azur. Cette peinture est l'un des quatre paysages que l'artiste y réalisa.

Paul Cézanne
Vue du Château Noir, 1894–1896
Huile sur toile, 73 x 92 cm
Washington, DC, National Gallery of Art

ILLUSTRATION PAGE 84 :
Paysage, 1919
Huile sur toile, 61 x 46,5 cm
Ceroni 293
Cologne, Galerie Karsten Greve

plus tard l'une des biographes les plus importantes de son pères avec son livre «Modigliani sans légende».

Malgré la difficulté des temps – n'oublions pas que la guerre venait de se terminer –, Leopold Zborowski réussit à vendre quelques toiles de Modigliani et à le faire participer à une exposition à Londres. Modigliani bénéficiait aussi du soutien du peintre russe Leopold Survage (1879–1968), qui avait mis son atelier à sa disposition. Apparemment, au cours de son séjour dans le sud de la France, il avait renoué contact avec Paul Guillaume; une photo montre en effet les deux hommes sur la Promenade des Anglais, l'un habillé de hardes, l'autre immaculé. Modigliani en profita aussi pour rendre visite à Renoir, qui habitait une somptueuse propriété juchée sur les hauteurs. Si nous nous en tenons au rapport fait par un témoin oculaire, le peintre Anders Osterlind (1887–1960), cette rencontre entre le vieux maître de l'Impressionnisme et Modigliani, aurait tourné au fiasco. Renoir aurait recommandé entre autres au jeune artiste de peindre ses tableaux avec le même plaisir que lorsqu'on aime une femme. «Je leur caresse le derrière pendant des heures, avant de me mettre à peindre.» Ce à quoi Modigliani aurait répliqué qu'il n'avait rien à faire de derrières, et abrégé brusquement la visite. Il est difficile de vérifier l'authenticité de cette scène, mais ce genre de lé-

Jeune paysan, vers 1918
Huile sur toile, 100 x 64,5 cm
Ceroni 257
Londres, The Trustees of the Tate Gallery

EN HAUT A DROITE :
La belle droguiste, 1918
Huile sur toile, 99 x 65 cm
Ceroni 256
Collection particulière

gende cache toujours une parcelle de vérité. En tout état de cause, elle souligne la différence existant entre la conception impressionniste de la peinture et celle de Modigliani. Renoir incarne une peinture qui puise dans la réalité, une peinture sentimentale et tactile dont Modigliani ne veut pas entendre parler. La sensualité chez Modigliani est d'une toute autre nature. Elle est plus spirituelle, plus lyrique, plus froide aussi, et trouve sa meilleure expression dans les portraits de Jeanne Hébuterne réalisés à la fin de sa vie.

« C'était une femme douce, farouche, discrète et tendre. Un peu dépressive. » C'est ainsi que l'écrivain Charles-Albert Cingria nous décrit la dernière compagne de Modigliani. Celui-ci l'a peinte, perdue dans ses pensées, distraite et gracieuse. Comme tous ses autres modèles, Jeanne paraît hors du temps et hors de tout lieu matériel ; son visage pâle, encadré de cheveux roux, est reproduit à la limite du stéréotype. La communion entre peintre et modèle, que l'on avait pu observer dans les portraits de ses amis parisiens, atteint ici son plus haut degré. Modigliani assujettit sa compagne à son style, Jeanne et lui ne font plus qu'un. De la même manière qu'il procède dans sa peinture à une sorte d'objectivation en égalisant son coup de pinceau, il fait de son modèle une icône de l'image humaine, dépouillée de tout caractère et de toute psychologie. Le seul élément qui semble importer, c'est la forme, dessinée en de longues courbes élégantes qui lui donnent bien l'apparence

d'un corps. La particularité réside dans le fait que le regard hésite sans cesse entre la perception d'une simple silhouette plane et la réalité physique de celle-ci. Ce balancement est encore renforcé par l'application de la couleur; les dégradés accentuent les galbes et délimitent des zones plus faibles ou plus fortes, débouchant sur une unité harmonieuse entre le trait et les volumes. Modigliani parvient dans ces portraits à un effet analogue à travers la juxtaposition calculée d'éléments curvilignes et d'éléments statiques. Le peintre rattrape toujours l'excès de courbes par l'adjonction de longues lignes droites, verticales ou horizontales.

Ce mode opératoire volontairement antagoniste, par lequel Modigliani se révèle être un maître des compositions traditionnelles, est accentué dans ces œuvres tardives par l'éclatement de sa palette de couleurs. Jamais auparavant il n'a utilisé des couleurs aussi contrastées. Les couleurs fondamentales – jaune, rouge, bleu – côtoient les complémentaires, obtenues à partir de mélanges. Une observation rapide de ses tableaux suffit à convaincre que Modigliani développa peu à peu un grand talent de coloriste; il n'est qu'à voir le rouge d'une combinaison sur fond bleu pâle, le jaune du pull à col roulé de Jeanne, le violet d'une jupe, le contraste soutenu du rouge et du jaune dans le portrait de Lunia Czechowska (ill. p.74), sans oublier le fond du portrait de Jeanne en chemise blanche (ill. p.92) allant du turquoise à l'émeraude. Le recours à ces couleurs vives, froides, est un subterfuge qui lui permet

Portrait de Lunia Czechowska, 1919
Huile sur toile, 100 x 65 cm
Ceroni 321
Paris, Musée d'Art Moderne de la Ville de Paris

EN HAUT A GAUCHE :
Portrait de Mario Varvogli, 1919–1920
Huile sur toile, 116 x 73 cm
Ceroni 336
Collection particulière

d'éviter la complaisance. Il entraîne ses modèles aux confins de l'excentricité, pour les soustraire à la réalité et en faire des figures artistiques qui n'existent plus que dans le périmètre de la toile. Cette prédominance de l'artifice avait eu déjà ses partisans avec le maniérisme, apparu en Italie au XVIe siècle en réaction contre l'art de la Renaissance. Nombre de critiques ont d'ailleurs établi une parenté entre Modigliani et ce mouvement, certains franchissant le pas et le qualifiant même de maniériste.

Mais la comparaison tourne court car, contrairement aux œuvres maniéristes dont le contenu avait souvent un caractère intellectuel et énigmatique, celles de Modigliani ne sont accessibles que par le regard, ont une dimension purement visuelle. Elles ne prétendent symboliser aucune nouvelle théorie esthétique, mais nous présentent simplement des personnes que Modigliani a côtoyées. Elles supposent toutefois la connaissance des différentes formes de la représentation du visage à travers l'histoire de l'art, car c'est seulement dans ce contexte que l'on peut appréhender la singularité de Modigliani. Et malgré l'influence d'une forte subjectivité, son style tend à l'objectivation, à l'anonymat et à la durée. La parcimonie manifestée dans la reproduction de ses modèles fait que le spectateur ne voit rien d'autre que l'être créé par Modigliani. Et que ce même spectateur commence à s'interroger sur le caractère du modèle, dont le tableau laisse si peu deviner, et vu l'isolement de ce dernier, à se poser des questions sur l'existence humaine, sans que Modigliani ne donne le moindre élément de réponse. Ce qu'il apporte, c'est la vision d'un environnement homogène composé de silence, de déchéance et de rupture, et dans ses meilleures compositions, il réussit à donner une certaine tension à cette résignation intérieure.

La jeune femme de chambre, 1918
Huile sur toile, 152,4 x 60,9 cm
Ceroni 248
Buffalo, NY, Albright-Knox Art Gallery

ILLUSTRATION PAGE 89 :
Jeune fille, 1918
Huile sur toile, 92 x 60 cm
Ceroni 234
Paris, Musée Picasso

Modigliani qui, sa vie durant, avait représenté tant de ses contemporains, se représenta lui-même en 1919, peu de temps avant sa mort, dans un autoportrait (ill. p. 6). Ce tableau, à dominantes pastel, montre le peintre assis sur une chaise, portant une veste épaisse et une écharpe nouée autour du cou. Dans la main droite, il tient une palette, sur laquelle on distingue les couleurs caractérisant ses œuvres tardives. La tête est légèrement en arrière et le visage exprime un caractère d'inaccessibilité et d'absence. Mais ce sont avant tout les yeux qui, dans ce cas encore, contribuent le plus à cette impression de détachement vis-à-vis du monde extérieur. Ils ne sont ni vraiment ouverts, ni complètement fermés. Ce qu'ils perçoivent provient autant de l'extérieur que de l'intérieur, constitue autant une vision subjective qu'une attention portée sur la réalité. L'indifférence des yeux est la traduction de ce regard instinctif, inconscient qui, avant de trancher, contemple avec résignation le monde entre réalité et irréalité, avant de le restituer librement à son image.

L'historien de l'art et romancier anglais John Berger fit remarquer un jour que la peinture de Modigliani comptait parmi celles qui avaient touché le plus grand nombre de personnes en ce XXe siècle. Cette cote d'amour, qui n'a d'égal que le scepticisme dont continuent de faire preuve certains spécialistes, puise selon John Berger sa source dans l'amour et la tendresse que Modigliani lui-même a manifestés à l'endroit de ses modèles. Toujours selon John Berger, une raison supplémentaire serait à trouver dans le caractère intangible de l'image de l'homme, dont Modigliani nous apporta la preuve au début de ce siècle. Une image de l'homme faite de renonciation et de liberté, d'élégance et de grâce, et parfois aussi de mélancolie. « Le bonheur est un ange au visage grave », écrivit un jour Modigliani sur une carte postale expédiée de Livourne en juin 1913 à son ami Paul Alexandre ;

modigliani

modigliani

cette assertion traduit une propension chez Modigliani à la poésie et à la méditation. En aucun cas, Modigliani n'est « l'admirable peintre des douleurs » qui aurait trouvé la vie insupportable « sans la souffrance comme impulsion créatrice », comme l'auraient déclaré Gustave Coquiot ou le peintre Othon Friesz (1879–1949). Modigliani, de santé fragile, a mené une vie dissolue et légué un œuvre considérable. Même si la sculpture constitua pour lui un élément essentiel de son évolution, il est clair que c'est la peinture qui lui convenait le mieux, et peut-être plus encore le dessin. Il s'est éteint

Femme assise avec enfant, 1919
Huile sur toile, 130 x 81 cm
Ceroni 334
Villeneuve d'Ascq, Musée d'Art Moderne

ILLUSTRATION PAGE 90 :
Gitane avec enfant, 1919
Huile sur toile, 115,9 x 73 cm
Ceroni 247
Washington, DC, National Gallery of Art
Chester Dale Collection, © 1996 Board of Trustees, National Gallery of Art, Washington

Portrait de Jeanne Hébuterne, 1918
Huile sur toile, 91,4 x 73 cm
Ceroni 326
New York, NY, The Metropolitan Museum of Art, Gift of Mr. and Mrs. Nate B. Spingold 1956 (56.184.2)

le 24 janvier 1920, à l'Hôpital de la Charité à Paris, des suites d'une affection de tuberculose et repose au Père-Lachaise aux côtés de Jeanne Hébuterne, qui se suicida par défenestration le lendemain de sa mort. Le succès et la célébrité, qui s'étaient fait désirer de son vivant, ne se sont par la suite jamais démentis.

ILLUSTRATION PAGE 93:
Amedeo Modigliani, vers 1906

Vie et œuvre

1884 Amedeo Clemente Modigliani naît le 12 juillet à Livourne, en Toscane. Il est le quatrième et dernier enfant de Flaminio et Eugenia Modigliani. La famille, d'origine bourgeoise juive et éclairée, se trouve alors dans une situation financière précaire. La crise économique italienne conduit l'entreprise familiale à la faillite; la mère de Modigliani, désormais contrainte de travailler, donne des cours particuliers et effectue des traductions. Modigliani grandit dans un milieu ouvert à la littérature et la philosophie.

1898 Modigliani est atteint de typhus; dans un accès de fièvre, il fait son rêve légendaire lui montrant la voie vers l'art. Une fois guéri, il arrête sa scolarité et suit les cours de Guglielmo Micheli à l'Académie des Beaux-Arts de Livourne. Son frère Emanuele, plus tard député célèbre du Parti socialiste italien, est incarcéré six mois en raison de ses activités politiques.

1900 Modigliani est atteint de tuberculose; il passe l'hiver 1900–1901 à Naples, à Capri et à Rome. Les cinq lettres qu'il adresse durant cette période à Oscar Ghiglia comptent parmi les rares documents écrits laissés par Modigliani.

1901 Modigliani passe quelques mois à Florence et l'hiver 1901–1902 à Rome.

1902 Le 7 mai, Modigliani s'inscrit à Florence à la Scuola libera di Nudo où il suit les cours de Giovanni Fattori. Il visite les sites artistiques de Florence et s'intéresse à l'art de la Renaissance.

1903 Modigliani accompagne son ami Oscar Ghiglia à Venise, où il reste jusqu'à son départ pour Paris. Le 19 mars, il s'inscrit à l'Istituto di Belle Arti di Venezia et suit là aussi les cours de nu libre. Modigliani étudie avec intérêt l'art des Maîtres anciens dans les musées et les églises de Venise. Aux Biennales de 1903 et 1905, il voit les œuvres des Impressionnistes français, des sculptures de Rodin et des peintures symbolistes. C'est également à Venise que Modigliani découvre les «joies du haschich» et qu'il aurait participé à des séances de spiritisme. Il se lie d'amitié avec des artistes comme Ortiz de Zarate et Ardengo Soffici, qu'il retrouvera à Paris. De ses études en Italie, seules quelques très rares œuvres sont aujourd'hui conservées.

1906 Au début de l'année, Modigliani part pour Paris. Il emménage dans un simple atelier de Montmartre et prend des cours de dessin de nu à l'Académie Colarossi. Il fait la connaissance de Maurice Utrillo (1883–1955), avec lequel il restera ami toute sa vie, et, à l'automne, du peintre allemand Ludwig Meidner, qui le caractérise de «dernier vrai Bohémien».

1907 Le peintre Henri Doucet introduit Modigliani dans la maison d'artistes de la rue de Delta que le jeune médecin Paul Alexandre et son frère ont créée pour promouvoir des jeunes artistes. Alexandre devient alors le premier mécène de Modigliani. Il lui achète des peintures et des dessins, et lui trouve des commandes de portrait. Il est vraisemblable que quelques œuvres de Modigliani soient présentées au Salon d'Automne. Il voit l'impressionnante rétrospective Cézanne. Ses peintures s'inspirent fortement de modèles symbolistes ainsi que du style de Toulouse-Lautrec et d'Edvard Munch.

1908 Modigliani expose six peintures au Salon des Indépendants, parmi lesquelles *La Juive*. En dépit de sa faible constitution, il prend part aux débauches de la vie d'artiste à Montmartre.

1909 Au printemps, Modigliani réalise *L'Amazone*, sa première commande de portrait rémunérée. Une quittance de loyer atteste que Modigliani s'est installé au plus tard en avril dans un atelier de la Cité Falguière, à Montparnasse.

EN HAUT :
Modigliani dans son atelier, vers 1918

EN BAS A GAUCHE :
Modigliani avec sa nourrice à Livourne, vers 1885

EN BAS A DROITE :
Amedeo Modigliani, vers 1902

ILLUSTRATION PAGE 95 EN HAUT :
Jeanne Hébuterne, la compagne de Modigliani

ILLUSTRATION PAGE 95 EN BAS :
Modigliani dans un bar à Montparnasse

ILLUSTRATION PAGE 96 :
Nu assis, 1910/11
Pastel sur papier, 42,5 x 26,4 cm
New York, NY, Isabella del Frate Rayburn

Par l'intermédiaire de Paul Alexandre, il fait la connaissance du sculpteur roumain Constantin Brancusi. Modigliani passe l'été dans sa famille en Italie. C'est vraisemblablement cette même année que Modigliani commence la sculpture, activité qui l'emportera sur la peinture pendant un certain temps.

1910 Modigliani expose au Salon des Indépendants. Il se lie d'amitié avec l'écrivain Max Jacob et entretient une liaison avec la poétesse russe Anna Akhmatova.

1911 Modigliani expose dans l'atelier de l'artiste portugais Souza Cardoso ses sculptures en pierre aux apparences archaïques, qu'ils nomment les «colonnes de la tendresse ». Des photos de l'exposition montrent la manière dont étaient éclairées les têtes et leur présentation sous forme d'«ensemble décoratif». Naît alors l'idée d'édifier un «temple de la beauté» abritant les œuvres sculptées rappelant les idoles. Modigliani entame une phase de travail intense sur le motif de la cariatide.

1912 Modigliani fait la connaissance des sculpteurs Jacques Lipchitz et Jacob Epstein (1880–1959). Ses sculptures sont exposées au Salon d'Automne; le peintre anglais Augustus John (1878–1961) en acquiert une. A la fin de l'année, Modigliani s'installe de nouveau à Montmartre.

1913 D'avril à fin mai, Modigliani séjourne à Livourne. Il loge à proximité d'une carrière en Toscane où, selon un courrier adressé à Paul Alexandre, il travaille à la sculpture du marbre et enverra les œuvres réalisées à Paris. On ne connaît cependant aucune sculpture en marbre de Modigliani.

1914 Par l'intermédiaire de Max Jacob, Modigliani fait la connaissance du marchand d'art Paul Guillaume qui s'engagera en sa faveur et le fera participer à plusieurs expositions collectives dans sa galerie. Aux mois de mai-juin, Modigliani est représenté à l'exposition Twentieth Century Art à la Whitechapel Gallery de Londres. En juin, il rencontre l'excentrique femme de lettres Béatrice Hastings, avec laquelle il entretiendra pendant plus de deux ans une liaison amoureuse mouvementée et qui sera pendant cette période son modèle favori. Lorsque la Guerre éclate, Modigliani est exempté de service militaire pour des raisons de santé. Modigliani recommence à peindre et se consacre jusqu'à la fin de sa vie presque exclusivement au portrait.

1915 Modigliani réalise un portrait de Picasso. Il emménage chez Béatrice Hastings, rue Norvain, sur la Butte Montmartre.

1916 Modigliani réalise de nombreux portraits de contemporains célèbres. Une série de photos prises par Jean Cocteau le 12 août montre Modigliani entouré de Picasso, Max Jacob, André Salmon, Ortiz de Zarate et Moïse Kisling. A l'automne, il participe à une exposition dans l'atelier du peintre Lejeune, rue Huygens. Modigliani fait la connaissance du marchand d'art et poète polonais Léopold Zborowski qui lui offre amitié et soutien. Après la rupture avec Béatrice Hastings, Modigliani quitte l'appartement commun et s'installe chez Zborowski, rue Joseph Bara.

1917 Une série d'environ 30 peintures de nu voit le jour. Au mois d'avril, Modigliani fait la connaissance de Jeanne Hébuterne, âgée de 19 ans, qui suit les cours de l'Académie Colarossi. Ils s'installent tous deux dans la rue de la Grande Chaumière. Le 3 décembre est inaugurée dans la galerie Berthe Weill la première exposition personnelle de Modigliani. Pendant le vernissage même, l'exposition est interdite et fermée en raison du caractère licencieux des nus.

1918 L'invasion des troupes allemandes se faisant de plus en plus menaçante, Modigliani et Jeanne Hébuterne quittent Paris au printemps et se rendent dans le sud de la France. A Nice et dans les environs, Modigliani réalise plusieurs portraits qu'il envoie chez Zborowski à Paris, dans l'espoir de les vendre. Le 29 novembre 1918, Jeanne Hébuterne accouche à Nice d'une petite fille qui sera reconnue par Modigliani et portera le même nom que sa mère. Au mois de décembre, Paul Guillaume organise une exposition au Faubourg-Saint-Honoré à laquelle participe Modigliani.

1919 Grâce à l'entremise de Zborowski, plusieurs œuvres de Modigliani sont montrées lors d'expositions en Angleterre. Des collectionneurs anglais commencent à acheter des peintures de Modigliani. Fin mai, Modigliani retourne à Paris. En juillet, il signe une promesse de mariage; Jeanne est de nouveau enceinte. Participation au Salon d'Automne. A la fin de l'année, Amedeo Modigliani est gravement atteint de tuberculose. Un voyage prévu en Italie est annulé.

1920 Le 24 janvier, Modigliani meurt à la Charité, à Paris. Le lendemain, Jeanne Hébuterne se suicide. Dans un moment d'émotion partagée par de nombreuses personnes, ils sont tous deux inhumés au Père Lachaise. La petite Jeanne est adoptée par la sœur de Modigliani à Florence; elle sera plus tard une des grandes biographes de son père. La galerie Montaigne à Paris présente la première rétrospective Modigliani.

Les numéros indiqués dans le catalogue des œuvres font référence à: Ambrogio Ceroni, I dipinti di Modigliani (Classici dell' Arte), Milan.

La maison d'édition remercie les musées et les archives qui l'ont autorisée à reproduire les illustrations. Le copyright des œuvres illustrées appartient, sauf indication spéciale ci-dessous, aux collections et institutions mentionnées dans les légendes et à la maison d'édition Taschen.
Albright-Knox Art Gallery, Buffalo, NY: 88; Allen Memorial Art Museum, Oberlin College, Oberlin, OH: 66; Archiv für Kunst und Geschichte, Berlin: 6, 70 en bas, 71 en bas, 79; Artothek, Preissenberg: 65; Bridgeman Art Library, Londres: 17; Christie's – Artothek, Preissenberg: 81 à droite, 87 à gauche; Collection of the Norton Museum of Art, West Palm Beach, FL: 27; Courtauld Institute Galleries, Londres (Samuel Courtauld Collection): 58; Edimedia, Paris: dos de couverture; Faillet/Artephot, Paris: 87 à droite; Fonds Mercator, Anvers: 14, 15 à gauche et à droite, 18, 20, 64; Galerie Karsten Greve, Cologne, Paris, Milan: 84; Galerie Schmit, Paris: 10 à gauche; Giraudon/Bridgeman Art Library, Londres: 86 à droite; Held/Artephot, Paris: 42 en haut à gauche, 43 en haut à gauche, 85 à droite; Hugo Maertens, Bruges: 63; Kunstmuseum Bern, Berne: 62; Musée des Beaux-Arts de Dijon, (Donation Granville), Dijon: 26 à gauche; Musée National d'Art Moderne, Centre Georges Pompidou, Paris: 26 en bas en droite, 52 à droite, 53 à gauche; National Gallery of Art, Washington, Chester Dale Collection, © 1996 Board of Trustees: 33 à gauche, 69 en haut, 90; Nimatallah/Artephot, Paris: 40, 51; Norton Simon Art Foundation, Pasadena, CA: 78; Philadelphia Museum of Art, Philadelphie, PA: 28 à gauche; Photothèque des Musées de la Ville de Paris, Paris: 30; Richard Nathanson, Londres: 11 à droite, 13; Roger Viollet, Paris: 2; Sammlung Galerie Rosengart, Lucerne: 1; Scala, Istituto Photografico Editoriale S.p.A., Antella (Florence): 44 à gauche; Staatsgalerie Stuttgart: couverture, 47, 72–73; The Art Institute of Chicago, photograph 1994, All Rights Reserved: 33 à droite, 46; The Art Museum Princeton University, Princeton, NJ: 49; The Metropolitan Museum of Art, New York, copyright 1985/90 by the Metropolitan Museum of Art: 92; The Museum of Modern Art, New York: 26 en haut à droite, 28 à droite (Mrs. Simon Guggenheim Fund), 39; The Tate Gallery Londres: 11 à gauche, 37, 86 à gauche; Walter Klein, Düsseldorf: 42 en haut à droite; William Young & Co., Boston/Bridgeman Art Library, Londres: 12.